Philipp Günther

2. Auflage

Titel: Früherkennung innovationsinduzierter Marktveränderungen

Erstauflage: QualiXperts GmbH & Co. KG (2020)

www.qualixperts.de

Coverfoto: https://blogs.vmware.com/emea/files/2017/12/kreativität-und-innovation-2-1000x497px-1000x497.png

Philipp Günther

Früherkennung

innovationsinduzierter

Marktveränderungen

Impressum

Bibliografische Information der Deutschen Nationalbibliothek:
Die Deutsche Nationalbibliothek verzeichnet diese Publikation in der
Deutschen Nationalbibliografie; detaillierte bibliografische Daten sind
im Internet über http://dnb.dnb.de abrufbar.

© 2020 Philipp Günther

Herstellung und Verlag: BoD – Books on Demand, Norderstedt

ISBN: 978-3-7526-8613-5

Inhaltsverzeichnis

Abbildungsverzeichnis

Abkürzungsverzeichnis

bzw.   –   Beziehungsweise

USA   –   United States of America

usw.   –   Und so weiter

QFD   –   Quality Function Deployment

FDA   –   Food and Drug Administration

Apps   –   Applikation

TQM   –   Total Quality Management

CRM   –   Customer Research Management

PPS   –   Produktionsplanung- und Steuerungssystem

ERP   –   Enterprise Resource Planing

EKG   –   Elektrokardiogramm

Reko.   –   Regelkommunikation

u.a.–   unter anderem

Vgl.–   Vergleich

1 Einleitung

> „The ability to learn faster than competitors may be the only sustainable competitive advantage."

"Nichts ist beständiger als der Wandel". Diese Aussage gilt seit langer Zeit und ist für die Ewigkeit bestimmt. In der heutigen Zeit sind drastische Wandel in immer kürzeren Zyklen eher die Regel, als die "irgendwann" passierende Ausnahme. Gründe hierfür liegen im zunehmenden Wettbewerb durch die Globalisierung und im beschleunigten technologischen Wandel. Das Umfeld, in dem sich ein Unternehmen in der heutigen Zeit bewegt, ist komplexer als je zuvor. Die hohe Dynamik auf dem Markt erfordert von Unternehmen eine schnelle Anpassungsfähigkeit. Die Produkte müssen stetig erneuert und das Dienstleistungsangebot ausgebaut werden. Dadurch rückt das Innovationsmanagement immer mehr in den Vordergrund. Für Unternehmen ist es heutzutage wichtiger als je zuvor, Marktveränderungen frühzeitig zu erkennen und zu analysieren. In dieser schnelllebigen Geschäftswelt ist eine verpasste Innovation oder Veränderungen der nicht genügend Aufmerksamkeit gewidmet wurde, ein hohes Risiko. Teilweise kann ein solches Verhalten zu immensen Geschäftseinbrüchen führen.

In Folge der hohen Relevanz, die das Innovationsmanagement in der heutigen Zeit besitzt, ist eine hohe Anzahl an Publikationen vorhanden. Dabei werden die verschiedensten Facetten des

Innovationsmanagements beleuchtet. Die Problematik liegt dabei allerdings in der richtigen Anwendung der verschiedenen Planungs- und Analysemethoden. Es gibt eine Vielzahl von existenten Ansätzen, die sich aber in Ihrer Durchführung und Möglichkeit unterscheiden.

Grundvoraussetzung für alle existenten Ansätze sind Daten, die ausgewertet werden können. Dafür können beispielsweise Kundendaten aus einem Customer Relationsship Managementsystem dienen oder verschiedene Kreativitätstechniken eingesetzt werden. Die einschlägige Literatur befasst sich aber immer nur mit den verschiedenen Methoden und der Möglichkeit der Auswertung. Mit der Datenerzeugung befasst sich die Literatur nur sehr oberflächlich.

Allerdings liegt doch gerade hier die Schwierigkeit, brauchbare Daten zu erzeugen. Gerade im technischen Bereich sind die Veränderungen an Produkten teilweise nur marginal. Allerdings kann genau diese kleine Veränderung einen Wettbewerbsvorteil für den Mitbewerber herbeiführen. Auch Veränderungen der Kundenwünsche dürfen nicht außer Acht gelassen werden. Nicht nur der eigene Markt sollte dabei beobachtet werden, auch Branchen fremde Veränderungen gehören mit beobachtet.

Dieses Buch befasst sich mit der Thematik der frühen Datenerfassung in technologischen Branchen und somit mit der Früherkennung von innovationsbedingten Marktveränderungen im technischen Vertrieb. Es werden Indikatoren innerhalb und außerhalb einer Branche vorgestellt. Des Weiteren befasst sich dieses Buch mit geeigneten Analysemethoden, die für ein Früherkennungssystem von Nutzen sein können. Es handelt sich bei der Früherkennung um ein Konzept. Mit Hilfe dieses Konzepts sollen sowohl allgemeine, als auch technische Veränderungen erfasst werden können. Es findet keine Eingrenzung auf eine spezielle Branche statt. Der Verfasser ist im technischen Vertrieb tätig und wird immer wieder eigene Erfahrungen einfließen lassen.

2   Was versteht man unter Innovation?

Der Begriff Innovation ist heutzutage in aller Munde. Doch was genau verbirgt sich hinter dem schillernden Modebegriff? Eine genaue Definition erfolgt nicht nur aus akademischen Gründen. Auch die Praktiker in der Wirtschaft müssen sich im Klaren sein, was Sie als Innovation bezeichnen. Von dieser Einordnung hängt die weitere Behandlung ab. Es gibt eine Vielzahl von definitorischen Ansätzen, die in diesem Buch nicht alle aufgeführt werden. Es wird sich lediglich auf einige wenige Definitionen beschränkt, um ein Grundverständnis zu erreichen. Grundsätzlich gilt: Es darf nicht dem Zufall überlassen werden, was als innovativ bezeichnet wird. Unternehmen tun gut daran, eine Einordnung anhand von klaren und unmissverständlichen Kriterien vorzunehmen.

Ob es sich um eine Innovation handelt oder nicht, weiß man meist erst hinterher. Im Vorfeld kann nur abgeschätzt werden, ob sich eine Innovation entwickeln kann. Darin liegt das Risiko, aber auch die Chance.

Es geht vor allem um das Bewusstsein für den Begriff Innovation. Entscheidungsträger, die sensibilisiert sind für diese Begrifflichkeit, werden anders mit neuen innovativen Gedanken umgehen als diejenigen, die dies nicht sind. Dieses Bewusstsein muss jeder entwickeln, der über Ressourcen des Unternehmens verfügen darf.

Dadurch können die Ressourcen innovationsfördernd eingesetzt werden.[1]

Dörr und Müller-Porthmann beschreiben Innovation wie folgt: „Innovation lässt sich in eine Formel bringen: Innovation= Idee + Invention + Diffusion"[2]

Innovationen sind nicht neues Wissen oder kreative Ideen. Wird eine Idee in ein neues Produkt, Verfahren oder Dienstleistung umgesetzt (Invention) und findet dies dann auch erfolgreiche Anwendung auf dem Markt bzw. durchdringt diesen (Diffusion), spricht man von einer Innovation. Innovationen können als Gegenstück zur Wissenschaft gesehen werden. Wissenschaft kreiert neues Wissen oder Erkenntnisse. In den Innovationen finden dieses neue Wissen oder die Erkenntnisse dann Anwendung.[3]

„Realisierung einer neuartigen, fortschrittlichen Lösung für ein bestimmtes Problem, besonders die Einführung eines neuen Produkts oder die Anwendung eines neuen Verfahrens", so definiert der Deutsche Duden den Begriff Innovation in der Wirtschaft.[4]

---

[1] Vgl. Hauschildt/Salomo (2011), S. 3-22

[2] Dörr/Müller-Prothmann (2014), S. 7

[3] Vgl. Dörr/Müller-Prothmann (2014), S. 7

[4] Bibliographisches Institut GmbH (1915), http://www.duden.de/rechtschreibung/Innovation, 08.04.2015

Joseph A. Schumpeter beschreibt die Innovation mit folgenden Worten: „the defining characteristic is simply the doing of new things or the doing of things that are already being done in a new way"[5]

Nach Schumpeter hat eine Innovation mit etwas „Neuem" zu tun. Was aber ist „neu"? Wer entscheidet, ob etwas neu ist oder nicht?

---

[5] Schumpeter (1947),

http://www.google.de/url?sa=t&rct=j&q=&esrc=s&source=web&cd=3&cad=rja&uact=8&ved=0CD0QFjAC&url=http%3A%2F%2Fww w.venus.unive.it%2Fmat-did.php%3Futente%3Dgfavero%26base%3DBusiness%2BHis-tory%2B-%2BPhD%2BDEA%252Freadings%2Bfor%2Bles-sons%252F5c_Schumpeter-1947.pdf%26cmd%3Dfile&ei=nzslVbX_JcTsal-ezgPgM&usg=AFQjCNH3-dJCJ5yZ-HeFbKDJg2z2hOYYPBw&sig2=-mRmQVdBU-sM8Vk2YrgNtA&bvm=bv.90237346,d.d2s, S. 3, 08.04.2015

Innovationen können in verschiedene Typen eingeteilt werden. Je nach Art der Innovation können diese den verschiedenen Typen zugeordnet werden.

- Produktinnovation – Die Entwicklung eines neuen oder verbesserten Produkts.

- Prozessinnovation – Die Entwicklung eines neuen Herstellungsprozesses.

- Organisatorische Innovation – Eine neue Projektabteilung, ein neues Abrechnungsverfahren oder ein neues internes Kommunikationssystem werden entwickelt.

- Managementinnovation – Total Quality Management (TQM) oder Customer Research Management (CRM).

- Produktionsinnovation – Qualitätskreisläufe: Just in Time Produktion; Produktionsplanungssoftware: Eine neues Produktionsplanungs- und Steuerungssystem (PPS) oder Enterprise Resource Planing (ERP).

- Geschäftliche-/ Marketinginnovation – Neue Finanzierungsvereinbarungen; neues Marketing.

- Dienstleistungsinnovation – Internetbasierte Finanzdienstleistung.[6]

---

[6] Vgl. Trott (2012), S. 17

3 Innovationsquellen für Verschiebungen im Markt

Die verschiedenen Innovationsquellen können in zwei Bereiche eingeteilt werden. Zum Einen innerhalb und zum Anderen außerhalb der eigenen Branche des Unternehmens. In diesen beiden Bereichen findet jeweils wieder eine Unterteilung in verschiede Segmente statt. Diese Unterteilung kann wie folgt vorgenommen werden.

Innerhalb einer Branche

- Demographie *(Demographics)*

- Veränderung der Wahrnehmung, Stimmung und Bedeutung *(Changes in perception, mood and meanings)*

- Neues Wissen sowohl nicht wissenschaftlich als auch wissenschaftlich *(New Knowledge)*

Außerhalb einer Branche

- Das Unerwartete *(The unexpected)*

- Die Unstimmigkeiten *(The incongruity)*

- Prozessnotwendigkeit/ Verfahrensnotwendigkeit *(Innovation based on process need)*

- Marktveränderungen *(Changes in industry structure or market structure)*

- Geistesblitz[7]

In den folgenden Kapiteln werden die verschiedenen Innovationsquellen, die für Verschiebungen auf dem Markt sorgen können, näher erläutert.

3.1 Innerhalb einer Branche

3.1.1 Demographie

Von allen Veränderungen, die außerhalb einer Branche passieren können, ist die Demographie die klarste. Demographie beschäftigt sich mit den Veränderungen der Bevölkerung im Bezug auf ihre Größe, Altersstruktur, Zusammensetzung, Beschäftigungsstand, Einkommen und den Bildungsstand. Die Demographie ist unmissverständlich und ihre Folgen können am besten vorhergesagt werden. Die Demographie hat großen Einfluss auf das Kaufverhalten. Unternehmer, Ökonomen und Politiker haben schon lange die Wichtigkeit der Bevölkerungsentwicklung betätigt. Ein großer Fehler der Vergangenheit war, anzunehmen, dass die Bevölkerungsentwicklung in der täglichen Entscheidungsfindung keine Rolle spielt. Man war der Meinung, egal ob die Geburtenrate, Sterberate,

---

[7] Vgl. Drucker (1993), S. 32

Bildungsniveau, Bevölkerungsbewegungen, usw. sich so langsam verändern und über einen sehr langen Zeitraum, dass diese eine geringe praktische Auswirkung haben. Wie oben schon erwähnt, ist diese Annahme ein großer Irrtum. Nicht nur demographische Katastrophen – wie beispielsweise die Pest – haben schnelle Auswirkung auf die Gesellschaft und Wirtschaft. Auch die Demographie verändert sich teilweise sehr schnell. Die Wahrheit ist, dass unsere Gesellschaft bzw. die Demographie relativ instabil ist und sich plötzlich stark verändern kann. Daher sollte die Demographie der erste Einfluss außerhalb einer Branche sein, welchen es zu beachten gilt. Unabhängig, ob Entscheidungsträger, Unternehmer oder Politikern, alle sollten über die Bevölkerungsentwicklung nachdenken und diese analysieren. In unserer heutigen Zeit ist es unabhängig in welchem Abschnitt sich die Bevölkerungsentwicklung gerade befindet, sie kann sich ohne jede Vorwarnung schnell und radikal verändern. Leider wird auch heutzutage die Bevölkerungsentwicklung von vielen Entscheidern, Geschäftsmännern und Politiker immer noch vernachlässigt. Sie nehmen an, dass sich die Veränderung der Bevölkerung nur langsam ändert.

Die Analyse der Bevölkerungsveränderung beginnt mit den Bevölkerungszahlen. Allerdings ist die absolute Bevölkerungszahl wenig aussagekräftig. Die Altersverteilung ist beispielsweise viel wichtiger, denn sie hat den größten Vorhersagewert. Besonders wichtig sind die Veränderungen in der Altersgruppe, die zu jeder Zeit die größte und am schnellsten wachsende darstellt. Für die Bevölkerungsschicht lohnt es sich eine Innovation am meisten. Auch die

Einteilung nach dem Bildungsniveau einer Bevölkerung kann durchaus sinnvoll sein. Für manche Bereiche wie beispielsweise das Reiseverhalten kann diese Betrachtung sogar sinnvoller sein. Außerdem gibt es noch die Segmentierung nach den Arbeitslosen- und Beschäftigungszahlen. Schließlich kann auch nach dem verfügbaren Einkommen eingeteilt werden. Durch die sichere Vorlaufzeit können Vorhersagen ziemlich genau getroffen werden. Allerdings sind Statistiken nur der Anfang. Der Kontakt zu den Menschen ist auch hier erforderlich. Man muss immer noch mit den Menschen reden und diese verstehen. Dann sind demographische Veränderungen eine zuverlässige und leistungsfähige Möglichkeit für Innovationen.[8]

Ein Beispiel für die Einflüsse der Bevölkerungsentwicklung ist der demographische Wandel in Deutschland. In Deutschland sterben mehr alte Leute als Kinder geboren werden. Daher wird die Bevölkerungszahl kleiner. Der Anteil an älteren Menschen wird – durch die bessere medizinische Versorgung und dem Rückgang der Geburtenrate – gegenüber den jüngeren größer. Um den Mangel an Arbeitskräften auszugleichen, ist Deutschland auf Migranten angewiesen. Diese Migranten verändern nicht nur die Altersstruktur, sondern auch die kulturellen Faktoren. Diese Auswirkungen stellen nicht nur Gesetzgeber und Kommunen vor neue Herausforderungen. Auch Unternehmen müssen bei ihren Entscheidungen diese

---

[8] Vgl. Drucker (1993), S. 80-89

Entwicklung mit einbeziehen. Diese Entwicklung hat Auswirkungen auf die Altersvorsorge, das Gesundheitswesen, die Immobilienpreise, die Wirtschaft usw.. Die Veränderung bietet für einige Geschäftsfelder in der Wirtschaft eine Möglichkeit für Innovationen. Beispielsweise kann eine Firma, die sich mit der Automatisierung befasst, mit steigender Nachfrage rechnen. Durch die immer älter werdende Bevölkerung scheiden mehr Arbeitnehmer aus als diese nachkommen können. Dadurch ist ein gewisser Know-How Verlust nicht zu verhindern. Allerdings müssen diese Arbeitskräfte ersetzt werden. Eine Möglichkeit, wäre diesen Ersatz durch die Automatisierung von Produktionsanlagen zu realisieren. Auch andere Branchen können durch mögliche Innovationen diese Entwicklung für sich nutzen. Eines ist jedoch sicher, Unternehmen, die sich nicht mit der demographischen Entwicklung befassen, werden wirtschaftliche Probleme bekommen.

3.1.2 Veränderung der Wahrnehmung

Ob ein Glas "halb voll" oder "halb leer" ist, spielt in der Mathematik keine Rolle. Auch wenn diese beiden Aussagen zwei völlig unterschiedliche Bedeutungen haben, unterscheiden sie sich in ihrer Auswirkung. Eine Veränderung der Ansicht oder der Wahrnehmung bietet eine große Möglichkeit für Innovationen. Die Veränderung der Wahrnehmung ob ein Glas "halb voll" oder "halb leer" ist, hat völlig andere Auswirkungen auf ein mögliches Handeln. Die Fakten verändern sich bei einer Wahrnehmungsänderung nicht, nur deren Bedeutung wird auf eine andere Art interpretiert. Eine solche

Veränderung kann sehr schnell erfolgen. Es ist irrelevant, ob Wissenschaftler oder Soziologen dieses Phänomen erklären können, es bleibt letztendlich Fakt. Diese Veränderung ist sehr oft nicht messbar oder kann erst nach einiger Zeit gemessen werden. Wenn allerdings darauf gewartet wird, bis eine Wahrnehmungsänderung messbar wird, ist die Möglich für eine Innovation verstrichen.

Führungskräfte wissen von dem Potential der Wahrnehmungsveränderung, allerdings wird diese als "nicht praktikabel" abgetan. Außerdem wird diese Form von Führungskräften oft als verrückt oder sonderbar bezeichnet. Innovationen werden oft in den Geschäftsfeldern gesucht, in denen sich die jeweilige Firma bewegt. Bei der Wahrnehmungsveränderung kommt es vor allem auf das richtige Timing an. Dies ist der kritische Punkt. Es gibt nichts Schlimmeres als eine voreilige Veränderung der Wahrnehmung. Oftmals kristallisieren sich eine Vielzahl von möglichen Wahrnehmungsveränderungen als kurzzeitige Modeerscheinungen heraus. Sie verschwinden nach ein oder zwei Jahren. Es ist nicht einfach Modeerscheinungen, von wirklichen Veränderungen zu trennen. Ebenfalls ist es schwierig, die Auswirkungen einer veränderten Wahrnehmung vorherzusagen. Das richtige Timing ist der wichtigste Punkt bei der Wahrnehmungsveränderung. Mögliche Kreativitätstechniken funktionieren hier nicht. Auf mögliche Kreativitätstechniken wird in diesem Buch nicht eingegangen. Einer muss den Anfang machen, um eine Veränderung der Wahrnehmung anzustoßen. Allerdings liegt auch genau darin das Problem. Es ist vorher nicht absehbar, ob es sich um eine Modeerscheinung handelt oder eine wirkliche

Veränderung. Innovationen, die auf einer Veränderung der Wahrnehmung basieren, starteten klein und waren sehr speziell.[9]

Ein Beispiel für die Veränderung der Wahrnehmung ist die Entwicklung der Frauen in den letzten Jahrzehnten. In den Fünfzigerjahren war das Bild der "Frau am Herd" sehr verbreitet. Die Frau wurde eindeutig als Hausfrau und Mutter definiert. Dem Mann wurden bis Mitte der Siebzigerjahre sogar noch Vorrechte eingeräumt, beispielsweise durfte er entscheiden, ob seine Frau arbeiten gehen darf oder nicht. Durch die Familienrechtsreform begann die Veränderung der Wahrnehmung. Die Reform erklärt den Ehegatten zum gleichberechtigten Partner, dadurch sollten alle Erziehungs- und Haushaltsangelegenheiten gemeinsam geregelt werden. Es fand ein Wandel der Wahrnehmung statt, indem junge Frauen gleiche Bildungsabschlüsse erreichten. Das Arbeiten wurde zum Lebensmittelpunkt und nicht mehr nur eine Übergangszeit bis zur Hochzeit. Es entstand über die Zeit ein neues Bild der Frau. Frauen sind heutzutage meist auch berufstätig und die Erziehung obliegt der Familie. Sie sind von Gesetzes wegen gleichberechtigt und haben sich ihren Platz in der Wirtschaft, Politik und im Sozialen hart erarbeitet. Der neue Stellenwert der Frau veränderte nicht nur die Gesellschaft, sondern war auch die Möglichkeit für viele Innovationen. Durch die neu erlangte Stärke der Frau konnten neue Geschäftsfelder und Produkte entwickelt werden, da sich ein neuer Absatzmarkt entwickelte.

---

[9] Vgl. Drucker (1993), S. 90-97

Die allgemein gültige Wahrnehmung in der Mitte des Jahrhunderts hat sich bis zum heutigen Zeitpunkt stark gewandelt. Diese Veränderung hat sich über einen längeren Zeitraum erstreckt. Auch hier konnte am Anfang nicht gesagt werden, ob es sich um eine kurzzeitige Modeerscheinung handelt oder eine langfristige Veränderung. Die Veränderung der Wahrnehmung kann oftmals eine große Auswirkung haben. Die berühmte Betriebsblindheit ist eine Folge der immer gleichen Wahrnehmung. Andere Ansichten bieten eine hervorragende Möglichkeit für Innovationen.

3.1.3 Wissensbasierte Innovation

Die wissensbasierte Innovation ist der "Superstar" im Unternehmertum und ihr gilt auch die öffentliche Aufmerksamkeit. Diese Art von Innovation ist normalerweise auch gemeint, wenn Menschen von Innovationen sprechen. Nicht alle wissensbasierten Innovationen sind wichtig und manche sind wirklich einfach. Unter den Innovationen, die Geschichte geschrieben haben, stehen wissensbasierte Innovationen hoch im Kurs. Die Innovationen müssen nicht immer bedeutend oder technisch sein. Soziale Innovationen, die auf Wissen basieren, können mindestens genauso, wenn nicht sogar besser, sein. Wissensbasierte Innovationen unterscheiden sich von allen anderen Arten in den grundlegenden Eigenschaften. Die grundlegenden Unterschiede sind die Zeitspanne, Verlustrate, Vorhersagbarkeit und die Herausforderung, die sie dem Unternehmer stellt. Des Weiteren sind die wissensbasierten Veränderungen temperamentvoll, launisch und schwer zu managen. Wie "Superstars" eben!

Wissensbasierte Innovationen haben die Charakteristik der längsten Einführungszeit von allen Innovationsarten. Es besteht eine lange Zeitspanne zwischen dem Aufkommen von neuem Wissen und dem tatsächlichen Einsatz in neue Technologien. Danach dauert es erneut eine lange Zeit bis die neue Technologie in Produkten, Prozessen oder Dienstleistungen ihren Einsatz im Markt findet. Die lange Einführungszeit ist keineswegs nur auf wissenschaftliches und technisches Wissen beschränkt. Auch nicht wissenschaftliches und nicht technisches Wissen sind davon betroffen. Mit anderen Worten, die Einführungszeit – vom Entdecken des Wissens bis hin zum technischen Produkt, welches auf dem Markt angenommen wird – dauert zwischen 25 und 45 Jahren. Dies hat sich auch bist heute nicht verändert. Eine weitverbreitete Meinung ist, dass sich wissenschaftliche Entdeckungen heutzutage schneller in Produkte, Technologien oder Dienstleistungen umgewandelt werden können. Dies ist allerdings eine Illusion. Die lange Einführungszeit setzt sich zusammen aus der Entdeckung des Wissens, das Wissen anwendbar machen und der eigentlichen Produktentwicklung. Es scheint fast so, als dass die lange Einführungszeit für wissensbasierte Innovationen zur Natur des Wissens dazugehört.

Eine weitere einzigartige Charakteristik von wissensbasierten Innovationen ist, dass sie nicht auf einem Faktor basieren sondern immer mehrere verschiedene Wissenselemente konvergieren. Nicht alle dieser verschiedenen Formen von Wissen müssen technologisch oder wissenschaftlich sein. Ein kurzes Beispiel hierfür ist das Flugzeug. Dies war eine Konvergenz zwischen Aerodynamik und Verbrennungsmotor. Die Innovation entstand erst durch die Kombination der beiden Wissenselemente. Erst wenn alle variablen Faktoren bekannt, verfügbar und schon irgendwo eingesetzt werden, kann eine Innovation entstehen.[10]

Die wissensbasierte Innovation hat spezielle Anforderungen, die sich grundlegend von den anderen möglichen Innovationsarten unterscheiden.

1. Als erstes benötigt die wissensbasierte Innovation eine sorgfältige Analyse. Alle erforderlichen Faktoren wie das Wissen selbst oder soziale, ökonomische oder Wahrnehmungsfaktoren müssen vorhanden sein. Es muss analysiert werden, welche Faktoren vorhanden sind und ob diese durch das Unternehmen erzeugt werden können. Dann kann auch entschieden werden, ob eine Innovation verschoben werden muss, weil sie verfrüht ist. Die Analyse ist sehr wichtig, wird diese nicht durchgeführt kommt es sehr wahrscheinlich zu einem Desaster.

2. Die zweite Anforderung ist ein klarer Fokus auf die strategische Position. Sie kann nicht einfach versuchsweise eingeführt werden. Die Innovation ist sehr umfangreich und

---

[10] Vgl. Drucker (1993), S. 98-105

benötigt daher eine Menge Zeit und Ressourcen. Daher muss man sich sicher sein und beim ersten Mal richtig liegen. Es gibt keine zweite Chance. Diese Innovationsart verzeiht keine Fehler, einmal stolpern reicht, um überrannt zu werden. Es gibt nur drei Hauptpunkte, auf die man sich fokussieren kann. Es kann ein komplettes System entwickelt werden. Die Innovation hat den Umfang, ein komplettes System abzubilden. Daher kann alles, was das Produkt betrifft, vom Unternehmen geliefert werden. Der zweite Hauptpunkt ist, einen klaren Fokus auf den Markt zu haben. Durch diese Art kann ein neuer Markt kreiert werden. Eine strategisch Position einnehmen, ist der dritte Hauptpunkt. Welche Position kann durch die Innovation eingenommen werden, um von den Entwicklungen des Markts unabhängig zu sein? Manchmal kann in derselben Branche bei einer Innovation aus diesen Hauptpunkten gewählt werden. Es muss ein Hauptpunkt klar bestimmt werden. Alle drei beschriebenen Möglichkeiten sind sehr riskant. Allerdings ist keine klare Festlegung oder ein Schwanken zwischen zwei Hauptpunkten noch riskanter bzw. es ist sogar fatal.

3. Die letzte Anforderung ist, dass die Innovationen, die auf wissenschaftlichem oder technologischem Wissen entstehen, ein unternehmerisches Führen erlernen müssen. Es muss festgelegt werden, wie man alles vermarktet und wie alles finanziert wird. Auch die bereitgestellten Ressourcen müssen gemanagt werden. Oft tendieren gerade

Unternehmen im Hochtechnologiesegment dazu, hier einen Fehler zu begehen. Sie verachten teilweise alles, was ihnen nicht bekannt ist oder jeder, der kein Spezialist in seinem Bereich ist. Nur wenn eine gute unternehmerische Führung vorhanden ist, kann das Risiko verringert werden. Selbst im Hochtechnologiesegment! Durch das hohe Risiko ist die unternehmerische Führung unbedingt notwendig und effektiv.[11]

Auch wenn eine saubere Analyse, ein klarer Fokus und eine gute unternehmerische Führung vorhanden sind, gibt es Risiken. Erstens ist diese Methode sehr turbulent. Die Kombination aus einer langen Einführungszeit und den Konvergenzen geben ihr einen merkwürdigen Rhythmus. Teilweise sieht es lange nach einer Innovation aus und es passiert nichts. Oder es gibt eine plötzliche Innovation, die eine Reihe von neuen Unternehmen hervorbringt und nach einigen Jahren erfolgt eine Gesundschrumpfung mit wenigen Überlebenden. Eins haben die verbliebenen Unternehmen gleich, sie starteten in der frühen Phase der Periode. Nach diesem Zeitraum ist ein Einstieg ausgeschlossen. In einem kleinen Zeitfenster besteht die Möglichkeit für neue Unternehmen, sich zu etablieren. Allerdings ist die Meinung, dass dieses Zeitfenster heutzutage

---

[11] Vgl. Drucker (1993), S. 105-109

immer kleiner wird, ebenfalls falsch. Es gibt vor allem zwei Haupt-
risiken.

1. Erstens, die Zeit arbeitet gegen einen. Bei keiner anderen
   Innovationsart ist dies der Fall. Auch können bei anderen
   Innovationsarten eventuelle Fehler korrigiert oder neue Un-
   ternehmungen können zu verschiedenen Zeitpunkten ge-
   startet werden. Es kann sein, dass ein zweites Zeitfenster
   nach zwanzig oder dreißig Jahren entsteht. Die Computer-
   branche ist hier ein Beispiel. Unternehmen, die in der ersten Runde gescheitert sind, kommen in der zweiten Runde
   nicht wieder.

2. Dadurch, dass das Zeitfenster schnell überfüllt ist, besteht
   nur für wenige Unternehmen die Möglichkeit, zu überleben.
   Es gibt immer nur einen Markt für eine wissensbasierte Industrie. Durch die Globalisierung ist die Anzahl der Unternehmen, die in diesem Zeitfenster einsteigen, zwar höher,
   allerdings ist auch die Anzahl der Fehlschläge höher. Von
   der Gesundschrumpfung sind auch mehr Unternehmen betroffen als früher. Und die Gesundschrumpfung wird immer
   kommen.[12]

Sobald sich das Zeitfenster der Innovation schließt, beginnt die Gesundschrumpfung. Die Vielzahl der neuen Unternehmen wird dies

---

[12] Vgl. Drucker (1993), S. 109-113

nicht überleben. Welches Unternehmen überleben wird, kann man nicht sagen, dies wäre reine Spekulation. Die reine Größe eines Unternehmens ist nicht entscheidend.

Dieser Rhythmus – ein explosiver Beginn bis hin zum Gesundschrumpfen – ist besonders im der Hightech-Industrie ausgeprägt. Dies macht die Innovationen in Hightech-Sektor extrem riskant. Der Grund liegt darin, dass Geld für weitere Forschung und Entwicklung oder Serviceaufgaben zurückgelegt werden muss. Unternehmen, die sich in dieser Industrie bewegen, müssen jederzeit in der Lage sein, kurzzeitig eine hohe Summe bereitzustellen, sonst werden sie die Gesundschrumpfung nicht überleben. Daher sollten neue Unternehmen in dieser Branche vor allem finanziell vorausschauend agieren. Die einzige Möglichkeit, die Gesundschrumpfung zu überleben, ist die richtige unternehmerische Führung. Allerdings ist auch dies keine Garantie. Ab dem Moment der Gesundschrumpfung wissen die an der Innovation beteiligten Unternehmen, ob die Innovation, welche in wenigen Jahren schnell gewachsen ist, richtig geführt wurde.

Um mit einer wissensbasierten Innovation erfolgreich zu sein, muss man offen für diese sein. Das große Risiko dieser Innovationsart ist die große Kraft, die in ihr steckt. Alle andern Innovationsarten nutzen existierende Veränderungen und Bedürfnisse. Die wissensbasierte Innovation schafft selber die eigentliche Veränderung und kreiert ein Bedürfnis. Keiner kann im Vorfeld das Verhalten des Endverbrauchers vorhersagen. Klar gibt es auch hier wenige Ausnahmen. Wer ein Heilmittel gegen Krebs entwickelt hat, muss sich über die Empfänglichkeit der Menschen keine Gedanken machen. Bei den meisten wissensbasierten Innovationen ist die Empfänglichkeit auf dem Markt eine Art Glücksspiel. Die Chancen mysteriös und unbekannt. Es kann sein, es gibt gar keine Offenheit für die Innovation oder einen starken Widerstand. Aktuell können wir nur rückblickend beurteilen, ob die Experten richtig lagen mit ihrer Vorhersage über die Empfänglichkeit der wissensbasierten Innovation. Es gibt keine Möglichkeit, das Risiko zu eliminieren, lediglich zu reduzieren. Eine Marktanalyse funktioniert in diesem Fall nicht, denn keiner kann eine Marktanalyse durchführen für etwas das nicht existiert. Meinungsumfragen sind nicht ganz unnütz, richten aber meistens Schaden an. Daher gibt es keine andere Möglichkeit, um eine wissensbasierte Innovation durchzuführen, als das Glücksspiel zu spielen.

Die größten Risiken gibt es bei neuem Wissen in der Technik und der Wissenschaft. Branchen, die nicht im Fokus der Öffentlichkeit stehen oder technologisch bzw. wissenschaftlich geprägt sind, haben ein geringeres Risiko. Allerdings kann das Risiko durch die Kombination mit anderen möglichen Innovationsquellen reduziert werden. Denn in diesen anderen Innovationsquellen besteht ja ein Bedürfnis oder kann ohne größeren Aufwand getestet werden. Wissen, welches benötigt wird, um eine Innovation zu vollenden, kann so produziert und klar definiert werden. Dies ist auch der Grund, warum Forschungsprogramme so populär wurden. Allerdings müssen auch die Forschungsprogramme gezielt durchgeführt werden.

Die Ansprüche an wissensbasierte Innovationen sind sehr hoch und unterscheiden sich von den anderen Innovationsarten. Das Risiko ist zwar höher, dafür ist aber auch das Potential größer. [13]

Als wissensbasierte Innovation kann ebenfalls das iPhone als Beispiel genannt werden. Das iPhone kombinierte bei seiner Veröffentlichung verschiedene bekannte Techniken mit einer neuen Technik. Die neue Technik, die Apple entwickelt hatte, war das Multi-Touch-Display. Auf diesem Touchscreen kann man weitestgehend das ganze Gerät bedienen. Beim Schreiben von Nachrichten wird eine Tastatur abgebildet die ähnlich einer Computertastatur aufgebaut ist. Durch das Berühren der einzelnen Buchstaben wird eine Nachricht erstellt. Apple kombinierte die bekannten Techniken MP3-Player, Telefon und Internet miteinander.

Dieses Beispiel zeigt deutlich, dass neues Wissen oder eine neue Technik allein zu keiner Innovation führt. Erst durch die Kombination von verschiedenen bekannten Techniken oder Wissen mit dem Neuen entsteht eine Innovation. Die wissensbasierte Innovation stellt hier das Bedienen des Telefons über den Touchscreen dar. Des Weiteren wurde eine Möglichkeit erzeugt, Musik abzuspielen, im Internet zu surfen und mobil zu sein. Die einfache und benutzerfreundliche Bedienung des iPhones ist ebenfalls ein großer Pluspunkt.

---

[13] Vgl. Drucker (1993), S. 113-117

Das iPhone wurde 2007 von der Zeitschrift Time zur "Innovation des Jahres 2007" ausgezeichnet.[14]

3.1.4 Geistesblitz

Innovationen, die auf einem Einfall oder einem Geistesblitz basieren, sind häufiger als alle anderen Innovationsarten. Jedes siebte oder achte von zehn Patenten ist eine solche Innovation. Viele Branchen haben sich aus eben solchen Geistesblitzen entwickelt, beispielsweise der Reißverschluss. In vielen Branchen wird die Suche nach einem Geistesblitz auch als Forschung bezeichnet. Geistesblitze sind die riskanteste aber zugleich auch erfolgreichste Art von innovativen Möglichkeiten. Die Verlustrate ist enorm hoch. Von hundert Innovationen schafft es vielleicht eine Innovation die Entwicklungskosten und die Patentgebühren zurückzuzahlen. Noch weniger Innovationen, vielleicht eine von fünfhundert, schafft es überhaupt, ein wenig Geld abzuwerfen. Keiner kann vorhersagen, welcher Geistesblitz Erfolg haben wird und welcher nicht. Versuche für eine Vorhersage sind immer kläglich gescheitert. Darum gleicht eine solche Innovation auch mehr einem Glücksspiel als alles andere. Der Grund für die Unberechenbarkeit und die hohe Verlustrate ist offensichtlich, Geistesblitze sind ungenau und trügerisch.

---

[14]Vgl. Grossman (2007), http://content.time.com/time/specials/2007/article/0,28804,1677329_1678542,00.html, 30.04.2015

Selbst wenn ein Bedarf ausgemacht werden kann, kann keine Lösung spezifiziert werden.

Auch wenn diese Innovationsart für die meisten Unternehmer sehr verlockend ist, sind diese gut beraten, den Geistesblitz als Innovationsart zu vernachlässigen. Aus diesem Grund wird auf diese Thematik auch nicht weiter eingegangen. Sie wurde lediglich der Vollständigkeit halber aufgeführt. Auch für das Konzept einer Früherkennung spielt der Geistesblitz keine Rolle. [15]

---

[15] Vgl. Drucker (1993), S. 118-120

3.2 Außerhalb einer Branche

Die unter Kapitel 3.1 aufgeführten Indikatoren beschreiben den Einfluss von Veränderungen innerhalb einer Branche. Es gibt nicht nur Einflüsse innerhalb sondern auch außerhalb einer Branche. In den nachstehenden Kapiteln wird der Einfluss von Indikatoren, die außerhalb einer Branche auftreten können, erörtert. Diese Einflüsse werden heutzutage immer bedeutender.

3.2.1 Das Unerwartete

Wie das Wort unerwartet schon aussagt, handelt es sich bei diesen Einflüssen um nicht zu erwartende Indikatoren. Diese können daher nur sehr schwer vorhergesagt werden. In diesem Kapitel wird beschrieben, welche Formen das Unerwartete haben kann und wie sich diese Formen äußern können.

3.2.1.1 Unerwartete Erfolge

Kein anderer Bereich eröffnet eine größere Möglichkeit für erfolgreiche Innovationen. Des Weiteren sind in keinem anderen Bereich die Innovationsmöglichkeiten weniger riskant und die Verfolgung weniger anstrengend. Leider ist diese auch die am meisten vernachlässigte Form, schlimmer noch ist, dass im Management diese Form immer mehr zurückgewiesen wird. Der unerwartete Erfolg zeichnet sich durch den Erfolg eines Unternehmens mit einem branchenfremden Kunden aus. Hauptproblem dieses Bereiches ist, dass der Mensch versucht, alles zu erklären und sich nicht eingestehen kann, „falschgelegen zu haben".

Die Führungskräfte müssen bei jedem unerwarteten Erfolg die Fragen stellen:

1. Was bedeutet es für uns, wenn wir dies nutzen?

2. Wo kann es uns hinführen?

3. Was haben wir zu ändern, damit wir es in eine Möglichkeit verwandeln?

4. Wie gehen wir damit um?[16]

Die größte Herausforderung besteht darin, den unerwarteten Erfolg zu erkennen und zu verarbeiten. Daher muss eine genaue Analyse dieses unerwarteten Ereignisses vorgenommen werden. Mögliche Analyseverfahren werden in Kapitel 4 vorgestellt.

Um einen unerwarteten Erfolg weiter nutzen zu können, muss der neu erschlossene Markt auch bedient werden. Dies kann nach der ausführlichen Analyse erfolgen. Eventuell müssen eine Vielzahl von strukturellen und strategischen Veränderungen im Unternehmen vorgenommen werden.

---

[16] Vgl. Drucker (1993), S. 33-34

Beispiel hierfür ist ein Unternehmen, welches Humanmedizin produziert, plötzlich aber auch von Tierärzten Produkte bezogen werden. Dieser Erfolg kommt unerwartet und kann nicht vorhergesehen werden. Es besteht ein sehr geringes Risiko dabei, da nur ein geringer Mehraufwand für das Unternehmen entsteht. Eine weitere Verfolgung dieser Innovation ist ebenfalls mit einem geringen Aufwand umsetzbar.

3.2.1.2 Unerwartete Fehlschläge

Fehler können nicht einfach abgelehnt werden. Sie passieren meistens unbemerkt und werden in den seltensten Fällen als eine Chance angesehen. Die meisten Fehler, die entstehen, sind nichts anderes als Versehen, das Resultat von Gier, Dummheit, gedankenlosem Nachmachen oder Inkompetenz in Konstruktion bzw. Ausführung.

Fehlschläge sind in diesem Zusammenhang auch Projekte, welche sorgfältig geplant, korrekt konstruiert sind und gewissenhaft ausgeführt werden, aber nicht den gewünschten Erfolg bringen. Solche unerwarteten Fehler zeugen meist von einem Wandel und damit beinhalten sie eine Möglichkeit der Veränderung.

Wichtig ist, die gemachten Fehler zu realisieren und nicht nur zu analysieren. Daher ist ein enger Kontakt zum Kunden wichtig. Dadurch kann beim Kunden erörtert werden, welchen Grund es für den Fehlschlag gibt. Es ist wichtig, herauszufinden, was sich beim Kunde geändert hat und warum. Sind es die Werte oder allgemeine

Vorstellungen? Jede Marktveränderung beinhaltet die Möglichkeit einer Innovation. Es besteht die Möglichkeit, eine Aufteilung in mehrere Geschäftsfelder vorzunehmen[17]

Durch den technischen Fortschritt in der Computerindustrie und dem Ausbau des Internets haben einige Unternehmen einen unerwarteten Fehler erlitten. Das Beispiel bezieht sich auf den Onlinehandel mit einem eigenen Web-Shop. Einige Unternehmen in Deutschland haben den Sprung verpasst, sich einen Onlinehandel aufzubauen. Viele Firmengründer in Familienunternehmen kennen den Handel mit Gütern noch aus einer anderen Zeit. Das sogenannte "Klinken-putzen" war in den meisten Vertreterberufen verbreitet. Mittlerweile wird bei einer Vielzahl von Unternehmen ein erheblicher Teil über einen Web-Shop abgewickelt. Unternehmen, die diesen unerwarteten Fehler nicht erkannt und gegengesteuert haben, sind nur noch eingeschränkt konkurrenzfähig. Viele dieser Unternehmen haben den Prozess nicht realisiert, da sie das Geschäft wie Jahrzehnte zuvor abgewickelt haben.

Das angeführte Beispiel zeigt deutlich, wie ein unerwarteter Fehler zu einer Marktveränderung und somit zu einer Innovation führen kann. Der Handel ohne persönliche Interaktion war vor Jahrzehnten noch undenkbar. Durch den Fehlschlag konnte eine Unterteilung in Reisende und in Onlinehandel vorgenommen werden.

---

[17] Vgl. Drucker (1993), S. 41-46

3.2.1.3 Unerwartetes externes Ereignis

Unerwartete externe Ereignisse, sind Ereignisse, die nicht die eigene Branche oder den eigenen Markt betreffen. Allerdings können sich diese Ereignisse auf das aktuelle Geschäftsfeld auswirken. Beispielsweise kann eine neue Technologie oder eine Wahrnehmungsänderung der Kunden dazu führen. Dies ist speziell für etablierte Unternehmen wichtig. Die Gefahr bei großen Unternehmen ist, dass sie sich sehr sicher fühlen und denken, sie wissen, was im Markt passiert.

In diesem Bereich finden die Innovationen auch am Produkt selber statt, vielmehr aber sind der Service und Absatzkanäle involviert. Unerwartete externe Ereignisse weisen die größten Möglichkeiten in Verbindung mit überschaubarem Risiko auf.[18]

Die Nuklearkatastrophe von Fukushima zeigt beispielsweise ein solches unerwartetes externes Ereignis. Am 11. Mär 2011 kam es nach einem Erdbeben zu einer Kernschmelze in dem Atomkraftwerk. Nach dieser Naturkatastrophe mit einer anschließenden Atomkatastrophe wurde die 2010 beschlossene Laufzeitverlängerung von der Regierung rückgängig gemacht. Durch diesen Beschluss wurde der Atomausstieg früher als geplant umgesetzt. Mit diesem unerwarteten externen Ereignis wurden Geschäftsmodelle gewisser Branchen von heute auf morgen unbrauchbar.

---

[18] Vgl. Drucker (1993), S. 46-50

Unternehmen, die sich mit dem Rückbau von Atomkraftwerken beschäftigt haben, waren plötzlich gefragt. Große Energiekonzerne standen unvorhergesehen vor neuen Herausforderungen, nachdem bestimmte Kraftwerke vom Netz genommen wurden. Dieses Ereignis war weder vorhersehbar noch war es branchenspezifisch. Allerdings bietet sich hieraus auch eine große Möglichkeit. Die erneuerbaren Energien wurden mehr gefördert als jemals zuvor und Unternehmen waren gezwungen, innovative Lösungen zu finden.

3.2.2 Nichtübereinstimmung

Eine Nichtübereinstimmung ist eine Unstimmigkeit zwischen dem, was sein soll, und dem, was ist. Oder zwischen dem, was ist, und was jeder annimmt, wie es ist. Oftmals verstehen wir es nicht und können es auch nicht herausfinden. Allerdings ist jede Unstimmigkeit ein Anzeichen für eine Innovation. Jeder Fehler ist eine Einladung für eine Innovation. Es kann ein unausgeglichener Zustand entstehen, in dem viel bewegt werden kann und eine Restrukturierung von wirtschaftlichen oder sozialen Formen stattfinden kann. Die Unstimmigkeiten sind eher qualitativ als quantitativ. Ähnlich wie das unerwartete Ereignis, ob erfolgreich oder fehlgeschlagen, sind Nichtübereinstimmungen ein Anzeichen für Veränderungen. Dabei spielt es keine Rolle, ob die Veränderung schon stattgefunden hat oder noch stattfinden wird. Wie bei den unerwarteten Ereignissen unterliegt die Nichtübereinstimmung innerhalb einer Branche, eines Markts oder eines Prozesses. Leider werden die Unstimmigkeiten

meistens übersehen. Es gibt verschiedene Arten von Nichtübereinstimmungen:

- In der ökonomischen Realität.

- Zwischen der Realität und der Annahme über diese.

- Zwischen den Werten bzw. Erwartungen des Produzenten
  und des Kunden.

- Interne Unstimmigkeit im Rhythmus oder der Logik eines
  Prozesses.[19]

In den folgenden Kapiteln wir der Unterschied zwischen den verschiedenen Formen der Nichtübereinstimmung dargelegt.

3.2.2.1 In der ökonomischen Realität

Wenn der Bedarf an Produkten oder Service stetig steigt, so steigt
auch die wirtschaftliche Leistungsfähigkeit stetig. Ein Mangel an
Rentabilität und Resultaten in einer Branche zeugt von Unstimmigkeiten in der ökonomischen Realität. Desto mehr ein Produkt nach-
gefragt wird, umso erfolgreicher sollte das Produkt abgesetzt werden können. Dies ist nicht der Fall, wenn eine Unstimmigkeit vorhanden ist. Beispielsweise können Unternehmen in der Gesundheitsindustrie teilweise trotz steigender Nachfrage nicht mehr

---

[19] Vgl. Drucker (1993), S. 51-52

Gewinn erzielen. Normalerweise betrifft diese Form eine ganze Branche. Allerdings besteht diese Innovationsmöglichkeit eher für kleine und hoch fokussierte neue Unternehmen, neue Prozesse oder neue Dienstleistungen. Das Unternehmen, welches diese Form der Unstimmigkeit als erstes entdeckt, kann davon ausgehen, dass es für eine lange Zeit alleine sein wird. Es wird eine lange Zeit dauern, bis der Rest der Branche aufwacht und merkt, einen neuen und ernst zu nehmenden Wettbewerber zu haben. Viele Unternehmen versuchen erst dann die Lücke zu schließen. Firmen sollten sich dann die Fragen stellen: "Wie kann man diese Unstimmigkeiten ausnutzen?", "Wie können wir die Nichtübereinstimmung in eine Möglichkeit verwandeln?" oder "Was kann getan werden?". Teilweise sind die Unstimmigkeiten weniger offensichtlich oder man kann nicht herausfinden, was dagegen getan werden kann.[20]

Die Gesundheitsindustrie ist hierfür ein Beispiel. Der Anspruch nach Leistungen steigt stetig an. Krankenhäuser müssen immer bessere Leistungen erbringen und Hausärzte immer mehr Patienten abwickeln. Die Gewinne sinken jedoch stetig. Kliniken müssen auf dem neusten Stand der Technik sein, um die Patienten bestmöglich betreuen zu können. Allerdings bekommen Sie immer weniger Geld für die erbrachten Leistungen. An diesem Beispiel sieht man deutlich, wie dies eine ganze Branche betrifft. Durch sinkende

---

[20] Vgl. Drucker (1993), S. 52-56

Gewinne kann nicht in neue Technik investiert werden. Daher sind auch die Hersteller von medizinischen Geräten betroffen.

3.2.2.2 Zwischen der Realität und der Annahme über sie

Wenn Personen einer bestimmten Branche die Realität falsch auffassen und dadurch falsche Annahmen entstehen, dann gehen auch die Bemühungen in die falsche Richtung. Also können auch nicht die richtigen Resultate entstehen. Dann handelt es sich um eine Unstimmigkeit zwischen der Realität und dem Verhalten. Auch hier besteht die Möglichkeit einer Innovation für denjenigen, der diese Unstimmigkeit erkennt und Nutzen daraus ziehen kann. Diese Art von Nichtübereinstimmung erklärt sich meistens von selbst. Teilweise kann es vorkommen, dass ganze Industrien einen falschen Fokus legen. Die angestrebten Lösungen sollten sehr einfach gehalten werden.

Ein Beispiel für das falsche Interpretieren von aktuellen Zuständen war in den frühen 1950er Jahren in der Schiffsgüterindustrie zu finden. Die Industrie hatte das Problem, dass sie immer mehr durch die Luftfrachtindustrie ersetzt wurde. Zu lange Zustellungszeiten waren der Grund für den Rückgang von Aufträgen. Die Industrie konzentrierte sich mehr darauf, schnellere Schiffe zu bauen, die immer weniger verbrauchten und weniger Besatzung hatten. Allerdings brachte auch das nicht den gewünschten Erfolg. Die Lösung des Problems war nicht, die Schiffe an sich zu ändern, sondern den Umgang mit der Fracht im Hafen. Die Standzeiten der Schiffe wurden beispielsweise durch Container verringert. Die Fracht wurde vorkonfektioniert, um schneller die Schiffe bestücken zu können. Dadurch konnte die Fracht auch schneller gelöscht werden. Löschen bezeichnet in der Schifffahrt das komplette Entladen der Fracht im Hafen. Dieses Beispiel zeigt, dass die falsche Interpretation über die Realität eine ganze Branche in die falsche Richtung lenken kann. Die Lösung war durchaus ersichtlich und einfach zu realisieren. [21]

3.2.2.3 Zwischen den Werten des Kunden und Produzenten

Hinter der Nichtübereinstimmung zwischen Kunden und dem Produzenten liegt meist eine Art intellektuelle Arroganz, einer intellektuellen Sturheit und Rechthaberei. Von allen verschiedenen Arten der Nichtübereinstimmung ist die zwischen Kunden und Produzenten die häufigste. Oft missverstehen die Produzenten, was der Kunde tatsächlich kauft. Sie können nur vermuten, worin der wirkliche Wert für den Verbraucher liegt. Wichtig für das Unternehmen ist auch, dass die Mitarbeiter hinter dem eigenen Produkt stehen. Führungskräfte, die ein Krankenhaus führen, müssen von der Gesundheitsversorgung überzeugt sein, andernfalls wird sich die Versorgung der Patienten schnell verschlechtern. Die Erwartung und der wahre Wert sind immer unterschiedlich. Gerne wird dann der Kunde als schuldiger dargestellt. Immer wenn es heißt: "Das Kundenverhalten ist irrational" oder "der Kunde ist nicht bereit für die

---

[21] Vgl. Drucker (1993), S. 56–57

Qualität zu zahlen". Immer dann ist dies ein Zeichen, dass der Kunde vom Produzenten nicht richtig verstanden wird. Des Weiteren besteht dann die Möglichkeit für eine erfolgreiche Innovation.[22]

Der Verfasser ist als Vertriebsingenieur in der Aufbereitungsbranche beschäftigt. Die vertretene Firma beschäftigt sich mit der Aufbereitung von technischen Gasen und Flüssigkeiten. In dem Unternehmen wurde lange Zeit auf eine noch bessere Performance der produzierten Filter Wert gelegt. Es wurde neues Filtermaterial mit einer noch besseren Abscheiderate und noch besserer Schmutzaufnahmekapazität entwickelt. Die Entwicklungskosten wurden auf den Preis der Elemente umgelegt. Allerdings zahlten die Kunden nicht für die bessere Qualität. Sie waren nicht bereit, den Mehrpreis für die Filterelemente zu zahlen. Die Absatzzahlen der Filter sanken um fast 50%. Durch einige Gespräche mit den Kunden fand das Unternehmen heraus, dass sie auf das komplett falsche "Pferd" gesetzt hatten. Die Kunden wollten keine besseren Filter, sondern sie wollten eine bessere Betreuung. Der Preis spielt dann eine untergeordnete Rolle. Der Service war den Kunden wichtiger als die Performance der Filter. Daraufhin wurde ein System entwickelt, um eine bessere Betreuung zu gewährleisten. Durch ein Total-Filtration-Management wird der Kunde bei der Filterverwaltung unterstützt. Das Unternehmen übernahm die Standzeitüberwachung, die Ersatzteilversorgung und den Austausch der Elemente. Der

---

[22] Vgl. Drucker (1993), S. 57-59

Mehrpreis der neu entwickelten Filter spielte nun eine untergeordnete Rolle. Der Mehrwert liegt nun darin, dass der Kunde sich nicht mehr um die Aufbereitung kümmern muss und Zeit für andere Themen hat. Dieses Beispiel zeigt deutlich: wenn ein Unternehmen durch Fehlinterpretation von Kundenanforderungen Entscheidungen trifft, kann es zu unerwünschten Folgen kommen. Daher ist es vor allem im technischen Vertrieb wichtig, die Bedürfnisse des Kunden richtig zu verstehen und zu interpretieren.

3.2.2.4 Im Rhythmus eines Prozesses

Die Unstimmigkeiten in einem Rhythmus oder der Logik eines Prozesses sind keine subtile Angelegenheit. Nutzer wissen meistens darüber Bescheid. Die Fehler sind meist bekannt und es wird darüber gesprochen. Beispiel hierfür sind die Probleme, die bei einer Operation auftreten können. Die Betroffenen sprechen über die Ängste, die Kunst liegt darin zuzuhören. Wenn sich ein Patient gegen eine gewisse Methode entscheidet, liegt es am Arzt herauszufinden, wo die Ängste liegen. Es gilt herauszufinden: "Welches Glied fehlt, das den Kunden daran hindert, eine bestimmte Tätigkeit auszuführen oder einen bestimmten Schritt zu gehen?" Wenn diese Frage geklärt werden kann, besteht eine gute Möglichkeit, eine einfache Innovation mit einem großen Effekt erfolgreich umzusetzen. Es gibt allerdings eine kleine Einschränkung. Diese Art von Unstimmigkeiten tritt nur in speziellen Branchen oder

Dienstleistungsbereichen auf. Diese Unstimmigkeiten können nicht von einer außenstehenden Person erkannt, verstanden und verändert werden.[23]

Auch hier ein Beispiel aus der täglichen Arbeit des Verfassers. In der Lebensmittelindustrie gibt es verschiedene Zertifikate über die Lebensmittelverträglichkeit von Produkten. Ein sehr bedeutendes Zertifikate ist das FDA (Food and Drug Administration) Zertifikat. In der lebensmittelverarbeitenden Industrie ist eine hohe Produktqualität mit den geforderten Zertifikaten zertifiziert. Bei speziellen Sterilfiltern des Unternehmens sind diese Zertifikate vorhanden. Allerdings wurden diese Sterilfilter sehr selten angefragt, obwohl es sehr wenige Hersteller auf dem Markt gibt. Es war auch bekannt, dass die Filterelemente regelmäßig ersetzt werden mussten, da sonst die Produkte verunreinigt werden konnten. Bei Gesprächen mit den entsprechenden Facharbeitern kristallisierte sich der Grund für die wenigen Anfragen heraus. Der Grund lag darin, dass in dem Produktdatenblatt das FDA-Zertifikat nicht erwähnt wurde. Die Kunden gingen davon aus, dass es das benötigte Zertifikat für dieses Produkt nicht gibt. Allerdings lag es nicht an dem fehlenden Zertifikat, sondern an den fehlerhaften Datenblättern. Nach der Änderung der Datenblätter und der Bekanntmachung des vorhandenen Zertifikats stiegen die Verkaufszahlen im ersten Quartal um 20%. Dieses Beispiel zeigt, dass eine kleine fehlende Information in einem Prozess

---

[23] Vgl. Drucker (1993), S. 59-61

eine große Auswirkung haben kann. Des Weiteren ist ersichtlich, dass dieses Problem für eine außenstehende Person nicht ersichtlich sein konnte. Das fehlende Glied war die Angabe über das vorhandene Zertifikat im Datenblatt.

3.2.3 Prozessnotwendigkeit/ Verfahrensnotwendigkeit

Die Veränderung eines Prozesses ist nicht so generell oder unbestimmt, wie das Unerwartete oder die Nichtübereinstimmung. Es existiert in jedem Unternehmen, jeder Branche oder Dienstleistung. Im Gegensatz zu den vorherigen Arten der Veränderungen außerhalb einer Branche hat diese Art von Innovation ihren Ausgangspunkt nicht in einer internen oder externen Veränderung des Umfelds. Der Ausgangspunkt startet mit einem Job, der erledigt werden muss, aber im Moment nicht erledigt werden kann. Diese Art von Innovation ist eher aufgabenbezogen als situationsbezogen. Dabei werden Prozesse optimiert, die schon existieren, schlechte Verbindungen ersetzt oder alte Prozesse durch neu gewonnenes Wissen erneuert. Nur wenige prozessnotwendige Innovationen sind so stark fokussiert wie diese Art. Es wird direkt eine Lösung für ein bestimmtes Problem gesucht. Im Wesentlichen haben alle verfahrensnotwendigen Veränderungen die gleichen Bestandteile. Die meisten prozessnotwendigen Veränderungen haben ihren Ursprung in der Bevölkerungswissenschaft oder der Nichtübereinstimmung. Für die Umsetzung einer potentiellen in eine realistische Prozessveränderung benötigt es oft Forschungsprogramme. Dafür muss eine Notwendigkeit bestehen und die Notwendigkeit muss identifiziert werden können. Für eine erfolgreiche Innovation kann die Verfahrensnotwendigkeit in fünf Voraussetzungen eingeteilt werden:

1. In sich geschlossene Prozesse.

2. Ein fehlendes oder schwaches Glied in der Kette.

3. Eine klare Definition des Problems.

4. Eine klare Definition der Problemlösung.

5. Umfassende Empfänglichkeit des Kunden (ein besserer Weg muss möglich sein).

Allerdings müssen dabei drei wichtige Punkte beachtet werden.

1. Die Notwendigkeit muss erkennbar sein. Es reicht nicht, die Notwendigkeit zu fühlen. Ansonsten kann nicht klar definiert werden, was geändert werden muss.

2. Wir können den Prozess zwar verstehen, aber haben immer noch nicht das nötige Wissen die Arbeit richtig zu machen. Dabei muss man sich die Frage stellen, ob man mit dem aktuellen Wissen den Prozess verändern kann?

3. Die Lösung muss zu der Art passen, wie Leute arbeiten, damit diese es auch umsetzen wollen.

Möglichkeiten für prozessnotwendige Veränderungen können systematisch gefunden werden. Dabei sind die Voraussetzungen und zu beachtenden Punkte, die oben aufgeführt sind, zu prüfen.[24]

Ein Beispiel für eine notwendige Veränderung des Prozesses ist das Anschaffen von Robotertechnik bei mangelnden Arbeitskräften. Oder die Erneuerung einer Produktionsanlage durch Veränderungen, die sich am Produkt ergeben haben. Alle Voraussetzungen sind erfüllt. Es handelt sich bei der Produktionsanlage – in der Roboter eingesetzt werden – um einen geschlossenen Prozess. Das schwache Glied sind die fehlenden Facharbeiter, die ersetzt werden müssen, um weiter produzieren zu können. Dies ist auch die klare Definition des Problems. Ohne eine Veränderung im Prozess kann nicht weiter produziert werden. Die klare Definition der Problemlösung ist ebenfalls gegeben. Durch den Einsatz von Robotertechnik werden die fehlenden Facharbeiter ersetzt. Der Kunde ist in dem Fall das eigene Unternehmen. Das Unternehmen benötigt die produzierten Teile, um Umsatz zu erzeugen. Ohne die fehlenden Teile kann das Unternehmen nicht wirtschaftlich arbeiten. Daher ist auch der letzte Punkt der Voraussetzungen vorhanden. Die drei Punkte, die beachtete werden müssen, sind ebenfalls vorhanden. Es besteht eine absolute Notwendigkeit, diese Herausforderung zu meistern. Es besteht die Möglichkeit, mit aktueller Technik den Prozess zu verändern. Da die Robotertechnik mittlerweile eine

---

[24] Vgl. Drucker (1993), S. 62-68

gängige Produktionstechnik ist, passt diese auch zu den Mitarbeitern in der Produktionshalle. Dieses Beispiel zeigt, dass wenn alle Bedingungen erfüllt sind, eine innovative Veränderung eines Verfahrens oder Prozesses möglich ist.

3.2.4 Marktveränderung

Die Struktur der Industrie und deren Marktstruktur galt lange Zeit als absolut stabil. Allerdings sind diese Strukturen aktuell sehr instabil. Oft reicht eine kleine "Schramme" und die Struktur kann schnell zerbrechen. Durch die Instabilität kann eine kleine Ursache oftmals eine große Auswirkung haben. Wenn dies geschieht, muss jeder in dieser Branche schnell reagieren. Bei zu langsamer Reaktion besteht die Gefahr, dass Unternehmen insolvent gehen. Wenn nicht reagiert und das Geschäft wie vorher weitergeführt wird, kann dies auch den Verlust der Marktposition zur Folge haben. Die Marktveränderung und deren Struktur beinhalten aber auch immer die Möglichkeit zur Innovation. Bei einer Marktveränderung erfordert das Unternehmertum von jedem betroffenen vollen Einsatz. Jeder muss sich fragen: „Was ist unser Hauptgeschäft?". Jeder wird nicht nur eine andere Antwort auf diese Frage geben, sondern vor allem eine neue. Insider sehen diese Art von Veränderung meist als Bedrohung. Für Außenstehende hingegen sind diese Möglichkeiten offensichtlich und vorhersehbar. Daher bietet sich hier oft eine Möglichkeit für externe Innovatoren. Die externen Innovatoren können damit in einer wichtigen Branche oder einem großen Geschäftsfeld ein ausschlaggebender Faktor werden.

Gleichzeitig haben diese ein relativ geringes Risiko. Für das Erkennen von Marktveränderungen können vier Voraussetzungen festgelegt werden:

1. Das schnelle Wachstum einer Branche ist ein sicherer und einfach zu beobachtender Indikator. Wenn eine Branche signifikant schneller wächst als die Wirtschaft, dann liegt es nahe, dass sich die Struktur drastisch ändern wird. Die bestehenden Praktiken sind sehr erfolgreich, daher will niemand etwas daran verändern. Dadurch veraltet das System.

2. Hat eine Branche ihre Größe verdoppelt, so ist diese reif für eine Innovation. Die aktuellen Dienstleistungen, die ein Unternehmen bietet, werden unangemessen. Auch die Einschätzung des Markts durch Führungskräfte reflektiert nicht mehr die aktuelle Situation, sondern spiegelt einen Zustand aus der Vergangenheit wieder.

3. Die Konvergenz von Technologien, die seither separat betrachtet wurden. Ein Beispiel hierfür ist die Entwicklung der Telekommunikations- und Computertechnologie. Durch die Computertechnologie – in Verbindung mit dem Internet – wurde die Telekommunikationsindustrie stark verändert. Es ergaben sich neue Märkte und alte Märkte veränderten sich drastisch.

4. Eine rasche Änderung der Art, wie Geschäfte getätigt werden. Die Auslagerung von Instandhaltungsaufgaben oder

IT-Aufgaben in großen Konzernen ist ein Beispiel hierfür. Der Aufwand für die IT oder die Instandhaltung nahm immer mehr zu. Große Unternehmen konnten dies teilweise nicht mehr richtig handhaben und lagerten diverse Aufgaben aus. Dadurch entstanden komplett neue Geschäftsfelder und Branchen.

Innovationen die eine Marktveränderung ausnutzen, sind vor allem dann erfolgreich, wenn die Branche von einem großen oder sehr wenigen Herstellern dominiert wird. Auch wenn es sich dabei um keine richtige Monopolstellung handelt, tendieren diese Firmen zur „Arroganz", da sie lange Zeit erfolgreich waren und nicht herausgefordert wurden. Neue Marktbegleiter werden nicht ernst genommen. Erst wenn der neue Marktbegleiter immer größer werdende Anteile von deren Geschäft erhält, mobilisieren sich die großen Unternehmen. Allerdings sind die zu treffenden Gegenmaßnahmen bei großen Unternehmen sehr schwer umzusetzen.

Eine Innovation muss sehr einfach gehalten werden. Komplizierte Innovationen funktionieren nicht. [25]

Lange Zeit war Nokia im Handysegment Marktführer. Für viele Mobiltelefonnutzer war Nokia der Einstieg in das mobile Telefonieren. Der Mobiltelefonmarkt wuchs jedes Jahr stetig und die meisten benutzet Geräte kamen von Nokia. Dann kam die Zeit von Apple;

---

[25] Vgl. Drucker (1993), S. 69-79

durch das Apple Smartphone – iPhone – begann eine neue Ära. Apple revolutionierte mit dem Touchscreen den Handymarkt. Auch die Einführung der verschiedenen Applikationen (Apps), die auf dem Handy benutzt werden konnten, war revolutionär. Nokia hatte als Marktführer den Smartphone-Boom absolut verschlafen. Lange Zeit wehrte sich Nokia auch gegen die intuitive Benutzerführung. Die Konsequenz aus der innovationsfeindlichen Unternehmensstrategie ist, dass Nokia in die Bedeutungslosigkeit abrutschte. In diesem Beispiel ist deutlich eine Marktveränderung zu sehen. Apple kam aus der Computerindustrie und war daher ein externer Innovator. Vom Marktführer Nokia wurde das kalifornische Unternehmen eine sehr lange Zeit unterschätzt. Nokia war der Meinung, dass seine Qualität und Marktführerschaft ausreichen würden. Auch dies stellte sich als ein fataler Fehler heraus. Es bedurfte keiner Veränderung des Markts durch Apple; "lediglich" eine Veränderung des Gerätes an sich (Touchscreen) und der Anwendungsmöglichkeiten (Apps) waren die Innovation in diesem Beispiel. Dieses Beispiel zeigt deutlich, wie arrogant teilweise Marktführer agieren. Überzeugt von den eigenen Produkten, nehmen sie neue Marktbegleiter mit neuen Ideen nicht für voll. Erst wenn der neue Marktbegleiter – in diesem Fall Apple – immer mehr Geschäfte tätigt und die eigenen Umsätze rückgängig sind, werden diese Unternehmen hellhörig. Durch die Größe der Unternehmen ist ein schnelles Reagieren auf die Marktveränderungen fast ausgeschlossen. So auch bei Nokia; die Reaktion auf die veränderten Marktverhältnisse war absolut zu schwerfällig. Dieses Beispiel zeigt deutlich, wie sich eine Marktveränderung auf die Marktverhältnisse auswirken kann. Die

Innovation von einem externen Beobachter war relativ simpel, hatte aber große Auswirkungen auf den Markt.

In der Abbildung auf der nächsten Seite sind die verschiedenen Innovationsquellen noch einmal übersichtlich dargestellt.

Übersicht der Innovationsquellen nach Drucker

Risiko: gering (oben) — hoch (unten)

Innerhalb einer Branche

Geistesblitz	Wissensbasierte Innovation	Veränderung der Wahrnehmung	Demographie

- Ist die häufigste Innovationsform
- Allerdings auch die risikoreichste Form
- Gleicht dem Lotteriespiel
	- Meiste Form bei Unternehmen
	- Können wissenschaftlich als auch sozial sein
	- Meistens durch Kombination mehrere Formen des Wissens.
	- Zeit erteilt normalerweise gegen einen
	- Großer Wettbewerb dadurch geringere Überlebenschance
	- Lange Einführungszeit
	- Grundvoraussetzungen:
	  1. Sorgfältige Analyse
	  2. Klarer Fokus
	  3. Management konsequent
		- Werden durch Meinungen der Menschen über gewisse Themen gebildet.
		- Glas ist „halb voll" oder „halb leer"
		- Der richtige Zeitpunkt ist entscheidend
		- Wichtig ist hier vor allem der Kundenkontakt
			- Leider oft nicht als Möglichkeit genutzt, allerdings sehr gut vorhersagbar
			- Lange und sichere Vorlaufzeit
			- Bevölkerungsentwicklung, im speziellen Alterspyramide
			- Produkt für die größte Gruppe in der Pyramide
			- Nicht nur Statistiken sondern auch Kundenkontakt wichtig

Außerhalb einer Branche

Marktveränderung	Prozessnotwendigkeit/ Verfahrensnotwendigkeit	Nichtübereinstimmung	Das Unerwartete

- Instabile Strukturen in der Industrie
- Externe Innovationen können auf den Markt kommen und dadurch Branchenführer gefährden
- Beispiel Marktverdrängung von Nokia durch Apple
- So einfach wie möglich muss die Innovation für Kunde sein
- Wichtige Indikatoren:
  • Branchenwachstum sehr schnell
  • doppelte Größe der Branche dann Innovation
  • Kombination verschiedener Techniken
  • schnelle Änderung der Geschäftsart
	- Verbesserung von Anlagen in Fabrikhallen
	- Änderung der Prozesskette
	- Grundvoraussetzungen:
	  • Prozess geschlossen verbesserbaren oder fehlendes Glied in Prozesskette
	  • klare Definition des Problems
	  • Problemlösung definiert
	  • hoher Nutzen
	  • Kundennachfrage sehr gut
		In Rhythmus eines Prozesses — Warum macht der Kunde nicht das was ich möchte? Warum kauft er nicht bei mir? Usw.
		
		Zwischen Wert des Kunden und Produzenten — Liegt meist daran, dass der Produzent den Kunden nicht versteht. Falsche Fokussierung. Unabhängig ob einzelne Unternehmen oder ganze Branchen.
		
		Zwischen der Realität und der Annahme über sie — Lösung so einfach wie möglich halten.
		
		In der ökonomischen Realität — Durch erhöhte Nachfrage sollte ein höherer Gewinn erzielt werden können. Ganze Branche oder Industrie ist typischerweise betroffen.
			Unerwartetes externes Ereignis — Externe Geschehnisse oder Ereignisse die sich auf das Geschäftsfeld auswirken können. Umweltkatastrophe Fukushima. Auf externe Ereignisse vorbereitet sein und danach Ausschau halten. Vor allem müssen Firm müssen vorsichtig sein.
			
			Unerwarteter Fehlschlag — Kein Erfolg trotz sorgfältiger Planung. Fehlschläge bei Projekten oder Angeboten. Meistens handelt es sich um einfache Fehler. Reine Analyse reicht nicht aus müssen Veränderungen durchgeführt werden. Kontakt zu Kunde hier sehr wichtig.
			
			Unerwarteter Erfolg — Unerwarteter Absatz von Produkten in fremdem Markt. Markt bedienen! Wie kann es zu dem Erfolg? Analyse! Gefahr ist groß den Erfolg zu übersehen!

Abbildung 1: Übersicht der Innovationsquellen nach Drucker[26]

---

[26] Eigene Darstellung in Anlehnung an Drucker (1993), S. 32-120

4 Existente Ansätze zur Untersuchung von innovationsbedingten Marktveränderungen

In dem folgenden Kapitel werden existente Ansätze vorgestellt, die sich für eine Früherkennung eignen. Die existenten Ansätze können unter dem Begriff "Strategic Foresight" zusammengefasst werden. Es geht bei der strategischen Vorausschau um verschiedene Methoden mit denen zukünftige Entwicklungen formuliert und interpretiert werden können. Einige der vorgestellten Methoden überschneiden sich oder bauen aufeinander auf. Teilweise ist in der Literatur keine klare Abgrenzung zu erkennen. Der Zusammenhang wird in den einzelnen Kapiteln näher erläutert.

Foresight kann mit dem Begriff Voraussicht oder Vorausschau übersetzt werden.[27]

Forecast wird im Deutschen unter anderem mit Prognose übersetzt.[28]

---

[27] dict.cc GmbH, http://www.dict.cc/englisch-deutsch/foresight.html, 14.04.2015

[28] dict.cc GmbH, http://www.dict.cc/?s=forecast, 14.04.2015

Wie oben angeführt bedeutet Foresight im Deutschen so viel wie Voraussicht oder Vorausschau. Daher ist eine Differenzierung von Foresight zu Forecast klar ersichtlich. Einige Autoren verwenden die beiden Begriffe synonym. Strategic Foresight hat nichts mit Zukunftsforschung gemein. Die Zukunftsforschung hat eine hohe spekulative Komponente und eignet sich daher nicht für eine langfristige Planung. Bei der Strategic Foresight geht es nicht um eine reine Prognose oder Vorhersage, es geht vielmehr darum, auch auf zukünftige Entwicklungen im Unternehmensumfeld gut vorbereitet zu sein. Wie in der unteren Abbildung 2 ersichtlich ist, ist die Prognose (Forecast) ein Teil der Vorausschau (Foresight).

Menschen können durch das Erkennen von möglichen, notwendigen und gewollten Aktivitäten die Zukunft aktiv gestalten. Im Zuge dessen ist die Zukunft nicht etwas, das einfach geschieht, sondern aktiv beeinflusst werden kann. [29]

---

[29] Vgl. Götz/Wessner (2010), S. 19-22

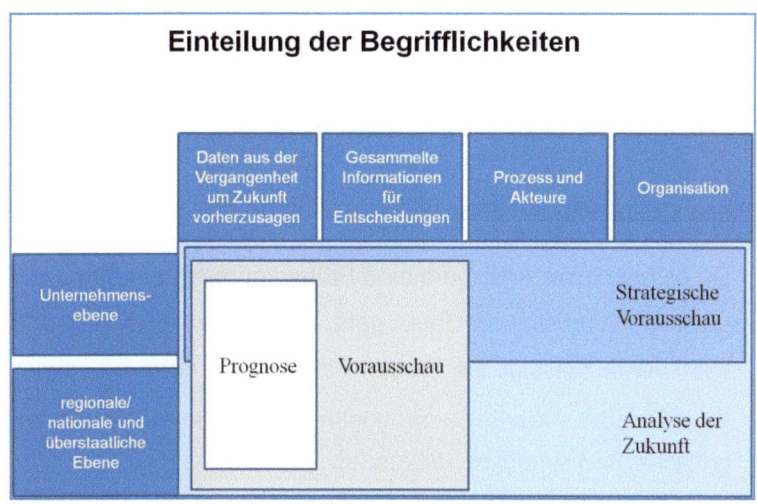

Einteilung der Begrifflichkeiten

Abbildung 2: Einteilung der Begrifflichkeiten [30]

Reine Prognosen (Forecast) sind ungeeignet für ein Früherkennungssystem. Sie stützen sich lediglich auf Daten der Vergangenheit und nicht auf gesammelte Daten. Man kann Prognosen mit dem Rückwärtslaufen vergleichen. Man sieht immer nur Zustände und Dinge, an denen man schon vorüber gegangen ist. Was noch vor einem liegt bzw. hinter einem kommt, sieht man nicht. Solange der Weg ohne Hindernisse ist und gerade verläuft, ist dies kein

---

[30] Eigene Darstellung in Anlehnung an Rohrbeck (2008), http://www.rene-rohrbeck.de/documents/Rohrbeck_%282008%29_Towards-a-best-practice-framework-for-strategic-foresight_Paper.pdf, S. 2, 14.04.2015

Problem. Bei Hindernissen und Kurven kann das Rückwärtslaufen schnell böse enden. Genau gleich verhält es sich mit den Prognosen. Es entsteht eine Art Tunnelblick, da nur die erwartetet Zukunft prognostiziert wird. Dies führt oft zu einer falschen Einschätzung und ist stark fehlerbehaftet.

Da es bei dieser Arbeit um eine Früherkennung und damit um das gezielte Sammeln von Daten geht, wird die reine Prognose (Forecast) vernachlässigt. Der Begriff wird lediglich teilweise verwendet, da wie vorher aufgeführt, verschiedene Fachliteratur die beiden Begrifflichkeiten synonym verwendet.

4.1 Szenarien

Bei der Szenariotechnik handelt es sich um ein strategisches Analyse- und Planungsverfahren. Es projiziert den aktuellen Zustand (Status quo) in die Zukunft. Der Unterschied zu reinen Prognoseverfahren liegt darin, dass die Vergangenheit lediglich als Hintergrund der eigentlichen vorausschauenden Betrachtung gesehen wird.

Die Qualität der Szenarien ist abhängig von der fachlichen und methodischen Kompetenz der Beteiligten und der Qualität der Daten. Es handelt sich hierbei um ein sehr aufwendiges Analyseverfahren. Es kommen in verschiedenen Teilabschnitten verschiedene Techniken zum Einsatz. Mit steigender Anzahl der (Schlüssel-) Faktoren steigt die Anzahl der Szenarien, die daraus entstehen, um ein Vielfaches. Des Weiteren ist dies ein langwieriges Verfahren, welches

personelle und finanzielle Ressourcen bindet. Bestimmte Einflussgrößen wie Kriege oder Umweltkatastrophen lassen sich gerade
bei langen Zeiträumen nur schwer einbinden.

Diese Technik ist eine gute Methode um sich ein Bild über das Umfeld, das eigene Unternehmen und die mögliche zukünftige Entwicklung zu machen. Speziell bei langfristigen Planungen kann die
Szenariotechnik angewendet werden. Sie eignet sich auch als
Grundlage für mittel- und langfristige Planungen wie das Roadmapping. Das Roadmapping wird in Kapitel 4.2 beschrieben.[31]

Die Verbindung von vernetztem und für die Zukunft offenem Denken führt zu Szenarien.[32]

Szenario-Technik:

Diese Technik wird meistens in Kontinentaleuropa angewendet.
Dabei werden komplexe Zukunftsbilder entwickelt. Aus einem
komplexen System aus Trends, Faktoren und Projektionen werden
mehrere Szenarien entwickelt. Es entstehen dadurch mehrere
Möglichkeiten, wie sich die Zukunft entwickeln kann. Ein großes
Problem der Szenario-Technik ist die fehlende Einbindung dieser

---

[31] Vgl. Dörr/Müller-Prothmann (2014), S. 65-66
[32] Vgl. Fink/Schlake/Siebe (2001), S. 33

sehr komplexen Szenarien in den strategischen Führungsprozess. Einige Projekte sind daran gescheitert.

<u>Szenario-Planning:</u>

Das Planning findet vor allem im Anglo-Amerikanischen Anwendung. Hierbei steht die vereinfachte und schnelle Entwicklung von Zukunftsbildern im Vordergrund. Durch die geringere Komplexität lassen sich diese Szenarien besser in die strategische Führung integrieren. Dadurch wird diese Technik mehr genutzt, speziell bei Unternehmen in den USA.

Allerdings hat diese Methode auch Schwächen. Sie kann schlecht nachvollzogen und bei komplexen Fragestellungen angewendet werden.[33]

Der Rohentwurf eines dramatischen Bühnenstücks und dem Schauplatz der Handlung wurde im Griechischen als »skene« bezeichnet. Aus diesem griechischen Ursprung leitet sich der heutige Begriff Szenario ab: als sozial- und wirtschaftliches Instrument sind mehrere „Väter" bekannt. Auf diese wird in diesem Buch nicht näher eingegangen.

---

[33] Vgl. Fink/Schlake/Siebe (2001), S. 22

Der sinnvolle Einsatz von Szenarien

Agiert ein Unternehmen in wechselhaften Umfeldern und Märkten, ist der Einsatz sinnvoll. Allerdings ist dies heute bei den meisten Unternehmen der Fall. Wenn die unten aufgeführten Voraussetzungen erfüllt sind, kann ein Unternehmen einen hohen Nutzen aus dem Einsatz von Szenarien ziehen.

- Ein Unternehmen verschläft Marktchancen: durch ein zu gegenwartsbezogenes Auftreten. Viele bzw. große Überraschungen in der Vergangenheit sind Indikatoren hierfür.

- Bei untergeordneter strategischer Planung. Dadurch hat die operative Planung die Oberhand. Auch ein zu kleiner Personenkreis, welcher für die strategische Planung zuständig ist, ist ein Indikator. Ebenso wie ein hoher bürokratischer Aufwand und Routine in der Planung.

- Steht eine Branche kurz vor einem Umbruch oder es sind starke Veränderungen abgelaufen. Dieser Punkt zeichnet sich beispielsweise dadurch aus, dass wenn man durch das Handeln der Marktbegleiter überrascht wird.

- Beschleuchnigt sich die Entwichlung es Umfelds und es lassen sich Marktentwicklungen früher erkennen.

- Wird das traditionelle Geschäftsmodell hinterfragt?

- Es wird zu wenig über die Entwicklungschancen im Unternehmen gesprochen. Außerdem können

Veränderungen nicht herbeigeführt werden, wenn es uf der Führungsebene keine Einigkeit darüber gibt.

- Über den zukünftigen Kurs herrschen unterschwellige und offene Meinungsunterschiede im Unternehmen.

- Im Unternehmen betragen Produktlebenszyklen und Planungshorizonte länger als 5 Jahre.[34]

Allerdings gibt es auch Punkte, bei denen die Szenario-Technik nicht angewendet werden soll.

- Führungskräfte entscheiden über quantitative Plandaten oder kurzfristige Ergebnisse.

- Strategien spielen im Unternehmen eine untergeordnete Rolle. Nur »Handeln« ist gefragt und »Denken« verpönt.

- Keine Führungskraft unterstützt den Einsatz der Technik.

- Im Unternehmen ist keine Bereitschaft vorhanden, sich auf eine unsichere und mit mehreren alternativen gespickte Zukunft einzulassen. Ein Indikator hierfür ist, wenn die Führungskräfte nicht zuhören und »bereits alles über die Zukunft wissen«.

Bei der Erstellung eines Szenarios verfolgt der Anwender ein gewisses Ziel. Allerdings muss dieses in den späteren Szenarien nicht wiederzufinden sein. Bei der Erstellung bzw. Entwicklung von

---

[34] Vgl. Fink/Schlake/Siebe (2001), S. 59-65

Szenarien werden zwei unterschiedliche Methoden unterschieden. Zum Einen kann mit besonderen mathematischen Algorithmen gearbeitet werden. Zum Anderen werden bei der intuitiven Szenarioentwicklung die Szenarien durch Bewertung von Gruppen oder einzelnen Personen erstellt. Auf mathematische Algorithmen wird gänzlich verzichtet.

Daher sollte vor der Erstellung von Szenarien geklärt werden:

- Was erreicht werden soll mit dem Szenarioprozess.

- Welche Art zur Erstellung der Szenarien benötigt wird.

- In welchem Zeitrahmen sich die Szenarien bewegen.

- Auf welchen Raum sich die Szenarien beziehen.[35]

---

[35] Vgl. Fink/Schlake/Siebe (2001), S. 59-65

Wie vorher beschrieben, kann mit der Szenariotechnik ein möglicher Zustand in der Zukunft beschrieben werden. Das systematische Erstellen eines Szenarios lässt sich in drei Hauptbereiche einteilen: Die Analyse, die Projektion und die Auswertung.

Analyse: Dabei wird der zu untersuchende Gegenstand beschrieben und abgegrenzt. Es wird eine kurze Beschreibung der Ist-Situation erörtert und dokumentiert. Mögliche Einflussgrößen, die künftige Szenarien beeinflussen und den Ausgang verändern, werden strukturiert, identifiziert und beschrieben. Danach werden die Schlüsselfaktoren ausgewählt. Über diese Schlüsselfaktoren werden Informationen gesammelt, um deren Entwicklung in einem ausreichenden Maß zu beschreiben.

Projektion: Bei der Projektion werden die in der Analyse identifizierten Schlüsselfaktoren auf die Ist-Situation angewendet. Die Schlüsselfaktoren werden zueinander in Beziehung gesetzt und auf ihre Vernetzung hin untersucht. Mögliche hypothetische Störfaktoren werden ermittelt. Die Störfaktoren liegen außerhalb der erwarteten Entwicklung. Gegenmaßnahmen für die Störfaktoren werden herausgearbeitet und in das Szenario eingearbeitet. Entwickelt werden sollen zwischen drei und fünf Szenarien je Projektion. Mindestens jedoch ein positives und ein negatives Extremszenario sowie ein Trendszenario bei stabilen Umfeldbedingungen. Mehr als fünf Szenarien sind auch für geübte Analysten kaum überschaubar.

Auswertung: Es erfolgt ein Vergleich der Szenarien mit dem Untersuchungsgegenstand. Anschließend wird eine Strategie entwickelt, um die Lücke zwischen dem Szenario und dem Untersuchungsgegenstand zu schließen.

Zur Erstellung von Szenarien soll immer die wahrscheinlichste Entwicklung herangezogen werden.[36]

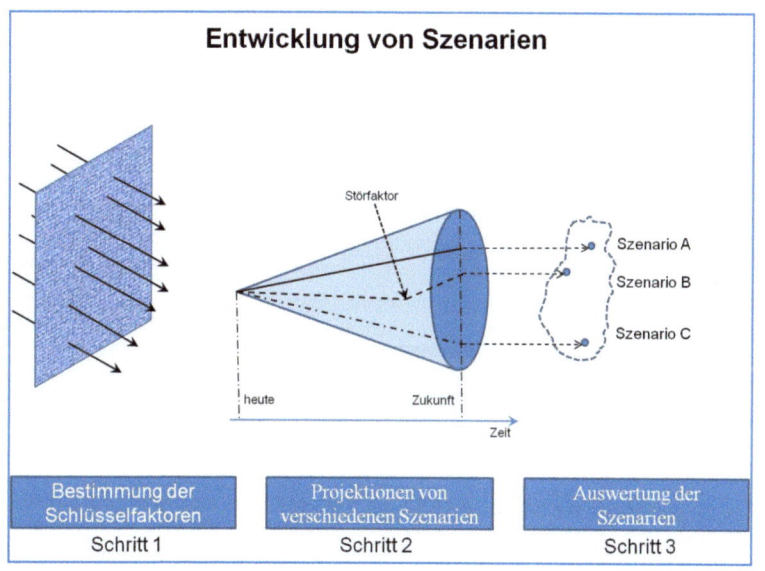

Abbildung 3: Entwicklung von Szenarien[37]

---

[36] Vgl. Dörr/Müller-Prothmann (2014), S. 66-69

[37] Eigene Darstellung in Anlehnung an Fink/Schlake/Siebe (2001), S. 15

Szenarien können beeinflusst werden. Sie werden in drei unterschiedliche Bereiche eingeteilt:

Umfeldszenarien: Dieses Szenario enthält für den Nutzer externe und nicht lenkbare Umfeldgrößen.

Lenkungsszenarien: Bei Lenkungsgrößen handelt es sich ausschließlich um interne Einflussfaktoren. Diese können vom Unternehmen selber beeinflusst werden.

Systemszenarien: Hierbei handelt sich um eine Kombination aus den beiden oben angeführten Szenarien. Dabei wird das ganze System des Unternehmens mit den internen Lenkungsgrößen und den externen Umfeldgrößen einbezogen. Es sollte darauf geachtete werden, dass bei dem erstmaligen Erstellen eines Szenarios nicht alle zukunftsrelevanten Faktoren einbezogen werden. Es empfiehlt sich eine getrennte Betrachtung der Umfeldgrößen und der Lenkungssgrößen.

Ein weiterer wichtiger Punkt ist die Beziehung der erstellten Zukunftssituationen zueinander. Dabei muss geklärt werden, ob mehrere Szenarien parallel eintreten können oder ob lediglich ein einziges Zukunftsbild zutreffen kann.

Alternativszenarien: Lediglich eine Zwischenform oder ein entwickeltes Szenario treten auf. Die Entwicklung eines Unternehmensumfelds kann nur in die eine oder andere Richtung gehen. Hier kann das Alternativszenario beispielsweise eingesetzt werden.

Parallelszenarien: Parallel können mehrere erstellte Szenarien eintreten. Parallelszenarien sind dann sinnvoll, wenn sich beispielsweise innerhalb eines Szenarios verschiedene Entwicklungen abzeichnen. Diese unterschiedlichen Entwicklungen können dann als einzelne Pfade weitergeführt werden.

Komplexe Szenarien: Ist eine Abgrenzung der beiden vorangegangenen Szenario-Formen nicht möglich, so können sich einzelne Zukunftsbilder ausschließen und einzelnen Szenarien parallel eintreten.[38]

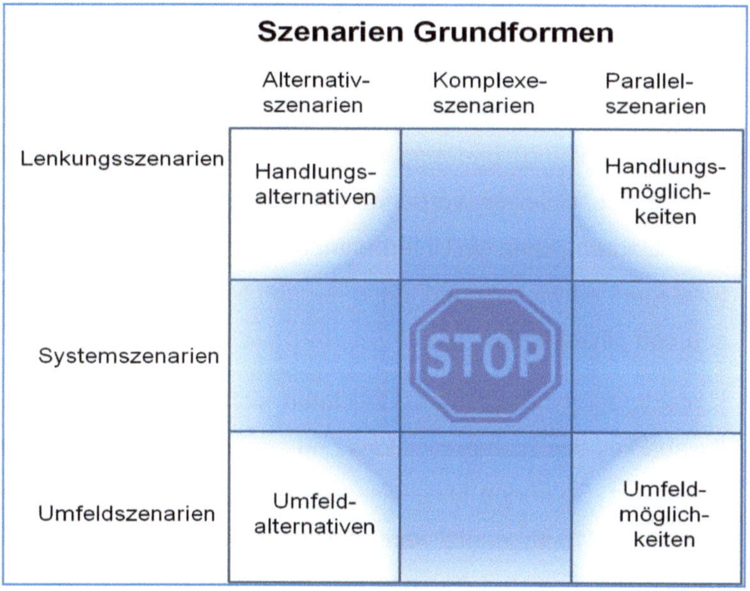

Abbildung 4: Szenarien Grundformen[39]

---

[38] Vgl. Fink/Schlake/Siebe (2001), S. 69-71

[39] Eigene Darstellung in Anlehnung an Fink/Schlake/Siebe (2001), S. 72

Wie in der oberen Abbildung 4 ersichtlich ist, können die verschiedenen Szenarien kombiniert werden. Die Lenkbarkeit der Szenarien in Kombination mit den möglichen Auftrittsformen ergeben die Möglichkeiten und Alternativen.

Umfeldalternativen: Können Szenarien nicht beeinflusst werden (Umfeld) und sind mehrere Entwicklungsmöglichkeiten, die sich ausschließen, vorhanden, so entstehen Umfeldalternativen. Die Veränderung des Unternehmensumfelds und die daraus resultierende Unternehmensstrategie sind Beispiele hierfür.

Handlungsalternativen: Können Szenarien vollständig beeinflusst werden (Lenkung) und sind mehrere Entwicklungsmöglichkeiten, die sich ausschließen, vorhanden, so entstehen Handlungsalternativen. Dadurch kann ein Unternehmen beispielsweise verschiedene Strategien entwickeln und diese je nach Marktchancen bzw. Ressourcen einsetzen.

Umfeldmöglichkeiten: Diese zeichnen sich durch die Nichtbeeinflussbarkeit des Szenario-Feldes und ein mögliches paralleles Eintreten aus. So könne beispielsweise untersucht werden, wie viele Produkte 2016 abgesetzt werden. Die Szenario-Entwickler erhalten so verschiedene Umfeldvarianten.

Handlungsmöglichkeiten: Dieser Bereich ist vollständig beeinflussbar. Es können parallel stattfindende Szenarien aufgenommen und umgesetzt werden. Ein Produkt, welches in der Zukunft eventuell verschiedene Merkmale aufweisen muss, kann hier beispielsweise entwickelt werden.[40]

Für die strategische Früherkennung sind die Szenarien zwingend notwendig. Sie geben Hinweis darauf, welche Umfeldfaktoren zu beobachten sind. Es können "schwache Signale" verdichtet werden. Durch diese Verdichtung können sie von Entscheidungsträgern im Unternehmen als wichtig und dadurch relevant wahrgenommen werden.[41]

4.2 Technologie-Roadmapping

Das Roadmapping ist ein Analyseverfahren zur mittel- bis langfristigen Planung. Es können Strategien in konkrete Entwicklungspfade umgewandelt werden. Die Roadmap bietet die Möglichkeit, übergelagerte Innovations- und Unternehmensstrategien in einzelne Arbeitsschritte zu unterteilen. Die Beziehungen zwischen den Kennzahlen des Unternehmens sind ersichtlich und es lassen sich Ideen bzw. Innovationsprojekte auf dieser Grundlage bewerten. Die Roadmap ist das Bindeglied zwischen operativer Projektarbeit und langfristiger Strategie.

---

[40] Vgl. Fink/Schlake/Siebe (2001), S. 71-72

[41] Vgl. Fink/Schlake/Siebe (2001), S. 28

Die Roadmaps dienen zur Vorbereitung der groben Planung für das konkrete Vorgehen. Es werden einzelne Projektschritte durchgeführt und strukturiert. Dienstleistungen, Produkte und Technologien lassen sich durch das Roadmapping entwickeln. Dies geschieht durch die zeitliche Prognose, Analyse und Visualisierung. Aus der Roadmap lassen sich Daten zur Steuerung der Entwicklung und Kontrolle der Organisation einsehen. Mögliche Szenarien und Unsicherheiten werden ebenfalls berücksichtigt.[42]

Es gibt verschiedene Themen für eine Roadmap. Beispielsweise Qualitätsmanagement, Innovationsmanagement, Technologiemanagement, usw.. Des Weiteren werden verschiedene Perioden festgelegt; meist handelt es sich dabei um zwei bis drei Produktlebenszyklen. In folgender Abbildung 5 werden die Produktlebenszyklen als Periode 1-3 dargestellt. Die Roadmap beinhaltet verschiedene zeitliche Elemente und Verbindungen.

Die Abbildung 5 zeigt eine Innovationsroadmap. Dazu werden zunächst im Innovationsmanagement alle relevanten Arbeitsschritte gesammelt und aufgelistet. Für die Aufgaben wird eine verantwortliche Organisationseinheit festgelegt. Im Schritt drei wird definiert, wie die verschiedenen Elemente voneinander abhängig sind. Anschließend werden in Schritt vier die Organisationsstruktur und die korrekte Reihenfolge festgelegt. Im vorletzten Schritt werden

---

[42] Vgl. Dörr/Müller-Prothmann (2014), S. 68-69

einzelne Arbeitsschritte im zeitlichen Prozessablauf abgetragen. Abschließend wird im letzten Schritt der Prozessablauf grafisch abgebildet. Dazu werden die Hürden, Schleifen, Meilensteine und Abhängigkeiten eingetragen.[43]

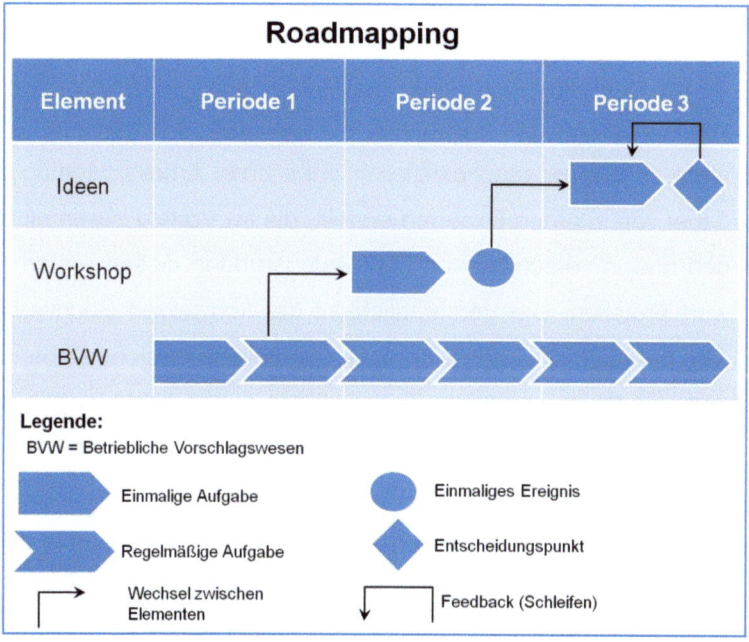

Abbildung 5: Roadmapping[44]

---

[43] Vgl. Dörr/Müller-Prothmann (2014), S. 69-70

[44] Eigene Darstellung in Anlehnung an Dörr/Müller-Prothmann (2014), S. 70

Eine Technologie-Roadmap hat zum Ziel, die Ausrichtung technischer Handlungen und die Qualität technischer Entscheidungen si-
cherzustellen. Im Vordergrund stehen mögliche Entwicklungspo-
tentiale sowie die Chancen und Risiken. Des Weiteren ist daraus
ersichtlich, welche Prozesstechnologien notwendig sind und ob
Vorprodukte benötigt werden. Es basiert auf klassischen Prognoseverfahren, wie beispielsweise der Szenario-Technik (Kapitel 4.1).

Mit der Roadmap ist es möglich, die zukünftigen Entwicklungspfade
von Prozessen, Technologien und Produkten zu analysieren, visu-
alisieren und zu prognostizieren. Eine erste Arbeitsroadmap wird
dabei von internen Experten erstellt, die im Vorfeld bestimmt werden und in verschiedenen Diskussionsrunden diesen ersten Entwurf erstellen. Die Verständlichkeit der komplexen Sachverhalte
wird durch eine zweidimensionale Darstellung erreicht. Dabei werden eine Objekt- und eine Zeitachse mit den verschiedenen möglichen Beziehungen aufgezeichnet. Es folgt eine ausführliche Prü-
fungs- und Bewertungsphase. In dieser Phase werden verschiedene Meinungen und Erwartungen diskutiert. Es können in dieser
Phase auch externe Experten einbezogen werden. Danach wird die
finale Roadmap erstellt. Sie dient als Grundlage für weitere Planungen und strategische Entscheidungen. Die Roadmap ermöglicht es
den Entscheidern, über die betrachteten Technologien eine Prognose abzugeben. Die aus der Roadmap gewonnenen Informationen fließen dann als wichtiger Input in die Entscheidungen von

zukünftigen technologischen Weiterentwicklungen und zu nutzen-
den Technologien mit ein.[45]

Vergleichbar ist das Technologie-Roadmapping mit einer Straßenkarte. Durch das Roadmapping kann das Unternehmen (Fahrzeug)
verschiedene bekannte als auch unbekannte Straßen befahren.
Das Roadmapping kann die Unternehmensführung (Fahrer) dabei
unterstützen. Daher auch der Begriff Roadmapping.[46]

Durch das Roadmapping kann eine grafische Darstellung erstellt
werden. Auf dieser Darstellung sind die Verknüpfungen und die Zeit
ersichtlich. Wichtige Punkte, um eine möglichst ausführliche Roadmap zu erstellen, sind:

- In welchem Gebiet gibt es welche neuen Technologien
  (Option auf neue Dienstleistungen sowie Produkte bzw.
  Änderungen an bestehenden Produkten)?

---

[45] Vgl. Lehrstuhl für Betriebswirtschaftslehre mit Schwerpunkt
Technologie- und Innovationsmanagement RWTH
Aachen, http://www.innovationsmethoden.info/methoden/techno-
logy-roadmapping, 12.02.2015
[46] Vgl. Möhrle/ Isenmann (2008), S. 1

- Vernetzung zwischen den Technologien?

- Entfernung – sowohl zeitlich als auch technisch – der einzelnen Technologien von einem bestimmten Bezugspunkt aus, beispielsweise der aktuellen Technik.

- Wie nah zusammen oder wie weit entfernt Technologien voneinander liegen.

- Muss ein Umweg in Kauf genommen werden oder besteht ein direkter Weg?

- Sind die bestehenden Verbindungen ausreichend belastbar?

- Ist mit besonderen Hindernissen oder Schwierigkeiten zu rechnen?

- Sind zu anderen Großtechnologien Schnittstellen vorhanden?

- Welche Charakteristik weist das Umfeld der Technologie auf?

Wie aus den oben aufgeführten Punkten ersichtlich ist, bildet eine Roadmap eine Art Straßenkarte von Technologien ab. Das weitere Fortführen der Straßenkarte und deren Aktualisierung werden als Roadmapping bezeichnet.[47]

---

[47] Vgl. Möhrle/ Isenmann (2008), S. 2-3

In der Praxis ist das Roadmapping mittlerweile ein gängiges Instrument. Es wird nicht mehr nur zur Technologiefindung eingesetzt. Auch Wertschöpfungsketten und Kunden-Lieferanten-Netzwerke gehören zum Einsatzgebiet. Es empfiehlt sich, das Technologie-Roadmapping systemunterstützt zu erstellen. Mit einer händisch erstellten Roadmap wird man schnell an die Grenzen des Machbaren stoßen. Durch eine Software kann eine Visualisierung, das Fortschreiben und die Pflege wesentlich leichter durchgeführt werden. Auch die Auswertung wird durch eine entsprechende Software wesentlich erleichtert.[48]

Durch die Anwendung auf verschiedene Bezugsobjekte und die unterschiedlichen Ziele der Interessengruppen entsteht in der Praxis eine hohe Vielfalt unterschiedlicher Formen des Technologie-Roadmappings. Grob kann eine Unterteilung in Leistungsspektrum, Anwendungssysteme und Schlüsseltechnologien eines Unternehmens erfolgen.

Leistungsspektrum: Unter einem Leistungsspektrum wird das heutige und das zukünftige Produktspektrum verstanden. Hierzu gehören auch der Service und die Dienstleistung.

Anwendungssysteme: In diesem Bereich werden Fragestellungen wie beispielsweise das Fahrzeug der Zukunft oder das

---

[48] Vgl. Möhrle/ Isenmann (2008), S. 12-13

Unternehmen der Zukunft betrachtet. In diesem Bereich wird meist auf viele unterschiedliche Technologien zurückgegriffen.

Schlüsseltechnologien: Diese Technologien haben einen hohen Anwendungsdruck. Ziel ist es, Roadmaps zu erstellen, um Anwendungsgebiete und Anwendungspotentiale sichtbar zu machen. Beispielsweise kann eine Brennstoffzelle sowohl in der Automobilindustrie als auch für die Stromerzeugung genutzt werden. Daher kann in beiden Brachen eine Veränderung stattfinden. Diese gilt es zu erfassen.[49]

4.3 Technologie-Forecasting

Wie in der Einleitung in Kapitel 4 erwähnt, bedeutet Forecast übersetzt Prognose. Beim Technologie Forecast geht es um die Prognose, wie sich Technologien entwickeln könnten. Spätestens jedoch nach der Finanzkrise 2009 ist jedem klar, dass es immer schwerer wird, Prognosen zu erstellen. Die Folgen der Globalisierung sind überall zu spüren. Die Welt befindet sich in einem drastischen und schnellen Wandel. Egal, ob im Finanzsektor oder im technologischen Bereich. Auch die Folgen von Naturkatastrophen und deren politische Auswirkung spielen hier eine große Rolle. Ein Beispiel hierfür ist die Gesetzgebung zum Atomausstieg nach dem Erdbeben 2011 in Japan. In Kapitel 3.2.1.3 wurde dieser Fall

---

[49] Vgl. Möhrle/ Isenmann (2008), S. 7-8

erläutert. Das Treffen von zuverlässigen Prognosen ist daher wichtiger denn je.

Die grundlegendste Vorhersage ist, dass es keine Veränderung gibt und der Fortschritt weiter läuft wie in der Vergangenheit. Die Hochrechnung von der Vergangenheit in die Zukunft ist eine intuitive Annäherung. Sie ist zwar sehr gefährlich, aber auch sehr oft richtig. Ökonomen und andere Berufsgruppen haben Hochrechnungsmodelle entwickelt, die oft auf mehreren hundert Kausalbeziehungen basieren. Das Problem jedoch an solchen Modellen ist, dass alle Berechnungen auf Daten aus der Vergangenheit beruhen. Es ist schwer, ausschließlich mit Daten aus der Vergangenheit Vorhersagen zu treffen. Eine Vorhersage über neue Technologien zu treffen, ist sehr schwer. Nichtsdestotrotz müssen Vorhersagen getroffen werden, wenn man Planungen anstellt und Investitionen in Innovationen anstehen.

Bei einem Technologie-Forecast darf auch die soziale Komponente nicht vernachlässigt werden. Der demographische Wandel darf beispielsweise nicht außer Acht gelassen werden. Diese Art von Vorhersagen ist sehr teuer, aber Unternehmen ist zu empfehlen, dieses Geld zu investieren.[50]

---

[50] Vgl. Roper u.a. (2011), S. 9-13

„Wissenschaft von der Umwandlung von Roh- und Werkstoffen in fertige Produkte und Gebrauchsartikel, indem naturwissenschaftliche und technische Erkenntnisse angewendet werden", so definiert der Deutsche Duden Technologie.[51]

Das Technologie-Forecasting fokussiert sich auf die Veränderung in der Technologie. Wie auch die Wettervorhersage sind auch technologische Prognosen schwierig. Allerdings haben Meteorologen jahrelang Daten gesammelt. Beim Technologie-Forecasting setzt man sich mit neuen Konzepten und nur einer kleinen Anzahl von Daten auseinander. Die Komplexität ist allerdings zu vergleichen. Das Technologie-Forecasting ist lediglich ein Überbegriff für verschiedene Analysemethoden. Beispielsweise ist auch das in Kapitel 4.2 vorgestellte Roadmapping eine Möglichkeit des Forecasting.[52]

Die unten aufgeführten Punkte sind die am meisten zu klärenden Fragestellungen bei durchgeführten technologischen Prognosen.

- Zuwachs der Funktionalität,

- Bewertung, wie neue Technologien ältere ersetzen,

---

[51] Bibliographisches Institut GmbH, http://www.duden.de/recht-schreibung/Technologie, 15.04.2015

[52] Vgl. Möhrle/ Isenmann (2008), S. 15-16

- Marktdurchdringung,

- deren Ausbreitung, sowie

- die Wahrscheinlichkeit und das Timing von technologischen Durchbrüchen.

Es gibt verschiedene Methoden, um ein Technologie-Forecasting durchzuführen. Grob können die verschiedenen Methoden wie folgt eingeteilt werden. Hier kommt die angesprochene Überschneidung verschiedener Methoden zum Tragen.

- Monitoring (folgt in Kapitel 4.6)

- Expertenmeinungen

- Trends (folgt in Kapitel 4.5)

- Modellierung

- Szenarien (wurde in Kapitel 4.1 erläutert)[53]

Expertenmeinung

Hierbei handelt es sich um die Expertenmeinungen für einen bestimmten Bereich. Diese werden eingeholt und analysiert. Einzelne Experten wissen mehr über spezielle Themen als der normale Mitarbeiter. Die Folge daraus ist, dass die Vorhersagen substantiell besser sind. Werden allerdings mehrere Experten eingesetzt,

---

[53] Vgl. Roper u.a. (2011), S. 17-31

83

werden die gewonnenen Informationen wesentlich besser als von einem Experten alleine.

Experten können qualitativ hochwertige Modelle heranziehen und diese auswerten, wenn keine eigenen Modelle erstellt werden sollen.

Problem bei dieser Methode ist, die Experten zu identifizieren. Auch sind die Vorhersagen selber oft fehlerbehaftet. Die gestellten Fragen sind oft mehrdeutig oder unklar. Sollte eine offene Interaktion zwischen den Experten erlaubt sein, könnte die Prognose irrelevante Soziale und psychologische Faktoren enthalten.

Diese Methode bietet sich daher dann an, wenn Experten in dem Bereich der Prognose vorhanden sind und wenn Daten fehlen oder das Erstellen eines Modells schwer bzw. sogar unmöglich ist.[54]

---

[54] Vgl. Roper u.a. (2011), S. 34

Modellierung

Die Modelle repräsentieren die Strukturen und dynamischen Verhältnisse in der realen Welt. Die Modellvielfalt geht von Flussdiagrammen über Gleichsetzung, und physikalische Modelle bis hin zu Computersimulationen.

Die Grundstruktur und die einzelnen wichtigen Teile der realen Welt können anhand von einfachen Darstellungen ermittelt werden.

Zu den Stärken der Modellierung gehört, dass das zukünftige Verhalten von komplexen Systemen durch die Trennung von wichtigen Systemaspekten und unwichtigen Details erstellt werden kann. Einige Modelle bieten Rahmenbedingungen für die Einbeziehung von menschlicher Beurteilung. Die Modellierung kann einen hervorragenden Einblick über das Verhalten komplexer Systeme bieten.

Ein Nachteil der Modellierung liegt darin, dass anspruchsvolle Techniken falsche Annahmen verdecken können und dadurch kann es zu falschen Vorhersagen kommen. Die Modellierung bevorzugt messbare Parameter; in Folge dessen können wichtige Faktoren vernachlässigt werden. Allerdings können Modelle, die nicht stark Datenbank bezogen sind, irreführend sein.

Eingesetzt wird diese Technik vor allem um komplexe Systeme in eine handhabbare Darstellung zu reduzieren. Die Dynamik eines

Modells kann zur Vorhersage über das Verhalten von gewissen Punkten in einem System verwendet werden. [55]

---

[55] Vgl. Roper u.a. (2011), S. 35

Bei der Auswahl einer Methode ist darauf zu achten, dass mehrere verschiedene geeignete Ansätze betrachtet werden und dass so wenig wie möglich Ressourcen gebunden werden. Das Monitoring wird üblicherweise eingesetzt, um Informationen für eine Vorhersage zu sammeln (wird in Kapitel 4.6 vorgestellt). Außerdem wird es normalerweise durch die Beurteilungen der Ausgangspunkt für konstruktive Vorhersagen eingesetzt. Sind Experten oder zuverlässige Daten vorhanden, sind die Expertenmeinung und die Trendanalyse effektiver. Sollte schon ein Modell über ein bestimmtes Themengebiet existieren und man ist von der Qualität des Modells überzeugt, so kann die Modellierung verwendet werden. Szenarien können verwendet werden, wenn Resultate integriert werden sollen, und um diese in einem nicht technischen Weg zu kommunizieren. Außerdem kann die Szenario-Technik verwendet werden, wenn keine andere Methode einsetzbar ist.[56]

Das Unternehmen MFG Medien- und Filmgesellschaft Baden-Württemberg mbH erstellt beispielsweise solche Foresights. Es wird eine Befragung von Unternehmen durchgeführt. Außerdem werden Fallstudien und Marktanalysen angefertigt. Mit Hilfe der gewonnenen Informationen wird ein mehrstufiger Foresightprozess entwickelt. In einer Szenario-Analyse, mehreren Delphi-Studien und einem finalen Roadmapping werden speziell für die Medien- und Informationstechnologie relevante Entwicklungen ausgemacht,

---

[56] Vgl. Roper u.a. (2011), S. 37

welche entscheidend für das Innovationspotential der Region Baden-Württemberg sind.[57]

---

[57] Vgl. MFG Medien- und Filmgesellschaft Baden-Württemberg mbH, http://www.fazit-forschung.de/foresight-ergebnisse.html, 12.02.2015

4.4 Portfoliotechnik

Die Portfoliotechnik ist eine etablierte und bewährte Methode der strategischen Planung. Sie kombiniert die Analyse der Umwelt und des eigenen Unternehmens. Dadurch erhält man ein umfassendes Bild über die Idee und deren Machbarkeit im Unternehmen und in der Umwelt des Unternehmens. Die Portfoliotechnik ist relativ unkompliziert durchzuführen und erzeugt ein klares Ergebnis. Die standardisierten Abläufe und die klaren Darstellungsmöglichkeiten sind ebenfalls ein Vorteil der Portfoliotechnik. Wichtig ist die korrekte und saubere Durchführung dieser Methode.

Für Innovationsprojekte müssen der Markt sowie die ressourcenbedingte und die technologische Machbarkeit, also auch das Nutzen-Risiko-Verhältnis, untersucht werden. Beispiele hierfür sind die Marktattraktivitäts-Wettbewerbsvorteil-Portfolios nach McKinsey und das Technologie-Portfolio nach Pfeiffer. Beide Verfahren werden in diesem Buch nicht gesondert behandelt. Die beiden Verfahren werden lediglich zur Vollständigkeit in Abbildung 6 dargestellt.[58]

Die Grundvoraussetzung für die Portfoliotechnik ist das Verständnis aller Beteiligten. Zur Reduzierung der Vielzahl von Einflussgrößen werden die Achsen der Matrix mit einer durch das Unternehmen nicht beeinflussbaren und einer beeinflussbaren Größe erstellt. Es erfolgt eine Einteilung der Achsen in unvorteilhafte und

---

[58] Vgl. Dörr/Müller-Prothmann (2014), S. 75-76

vorteilhafte Abschnitte. Es erfolgt eine Bestückung mit normativen Strategien der einzelnen Segmente. Durch die beiden unabhängigen Achsen wird der zu untersuchende Gegenstand in zwei Dimensionen eingeteilt. [59]

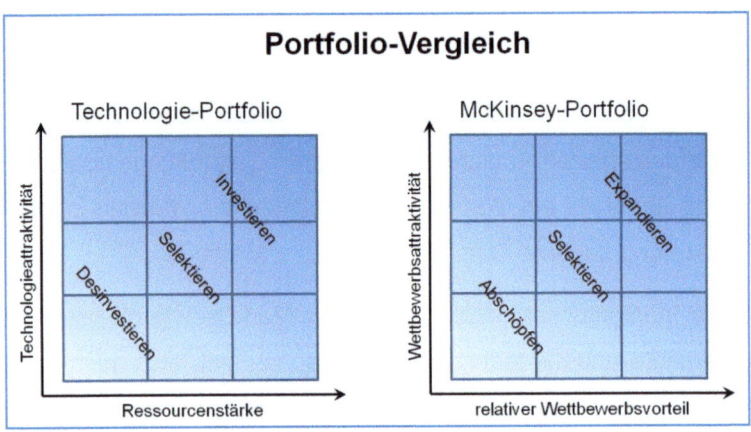

Abbildung 6: Portfolio-Vergleich[60]

4.5 Trendanalyse

Der deutsche Duden definiert Trend folgendermaßen: „(über einen gewissen Zeitraum bereits zu beobachtende, statistisch erfassbare) Entwicklung[stendenz]".[61]

---

[59] Vgl. Dörr/Müller-Prothmann (2014), S. 76-77

[60] Vgl. Dörr/Müller-Prothmann (2014), S. 76

[61] Bibliographisches Institut GmbH, http://www.duden.de/rechtschreibung/Trend, 05.05.2015

Bei der Trendanalyse werden statistische und mathematische Techniken verwendet. Es wird eine zeitabhängige Folge von Datenpunkten für eine zukünftige Prognose weitergeführt. Die eingesetzten Techniken dabei variieren von simpler Kurvenanpassung bis hin zur Box-Jenkins-Methode. Auf die einzelnen Methoden wird im Rahmen diesem Buch verzichtet. Für ein Früherkennungssystem eignet sich lediglich die später beschriebene Delphi-Methode (Kapitel 4.5.1). Zustände aus der Vergangenheit und Trends – werden mehr oder weniger verändert – in die Zukunft fortgeführt. Es werden erhebliche datenbasierte Vorhersagen auf messbaren Parametern getroffen. Des Weiteren sind die Vorhersagen über eine kurze Zeitspanne sehr genau.

Um effektiv zu arbeiten, benötigt es allerdings eine signifikante Menge an guten Daten. Diese Methode bietet sich auch nur bei messbaren Parametern an. Diese Methode ist gegenüber Katastrophen und Unterbrechungen nicht standhaft genug. Projekte, die eine lange Zeitspanne abdecken, sind nicht zuverlässig zu prognostizieren.

Zusammenfassend wird diese Methode verwendet um messbare Daten zu erheben und eine Auswahl zu analysieren sowie beim Substituieren von Technologien.[62]

---

[62] Vgl. Roper u.a. (2011), S. 34

Dieses Analysetool lässt sich leicht einsetzen um Zukunftsentwicklungen zu interpretieren. Die sogenannten Trends werden dadurch erkannt. Es bietet die Möglichkeit zum Interpretieren sowohl schwacher als auch starker Signale.[63]

Aus der Unternehmensumwelt gewonnene strategisch relevante Informationen und deren Verarbeitung gehören zu der Hauptaufgabe einer Trendanalyse. Sie bildet die Basis im strategischen Entscheidungsprozess. Die Unternehmensumwelt umfasst nicht nur die nähere Umwelt – wie die eigene Branche – sondern auch die weiter entfernte Umwelt. Im Laufe der Zeit kann sich die Gewichtung der einzelnen Einflüsse ändern. Ein besonders kritischer Faktor ist die zur Verfügung stehende Qualität der Informationen. Strategisch wichtige Informationen unterliegen nur schwer der Operationalisierbarkeit. Sie sind des Weiteren oft von langfristiger Natur und unsicher.

Eine der bekanntesten Trendanalysen ist die Delphi-Methode, die im folgenden Kapitel 4.5.1 vorgestellt wird. [64]

---

[63] Vgl. Fink/Schlake/Siebe (2001), S. 187

[64] Vgl. Recklies (2001), http://www.themanagement.de/pdf/Prognosen.PDF, S. 1, 12.02.2015

4.5.1 Delphi-Methode

Bei der Delphi-Methode geht es um die Beurteilung durch externe Experten. Es ist zu unterscheiden zwischen der eigentlichen Methode und den daraus folgenden Berichten. Die Berichte beinhalten eine Technikvorausschau und eignen sich zur langfristigen technologischen Kompetenz eines Unternehmens. Man kann die Berichte als eine Art Benchmarking betrachten, bei dem auf eine Vielzahl externer Fachleute zurückgegriffen wird. Bei den modernen Delphi-Studien wird das Wissen von Experten in Verbindung von psychologischen Gruppeneffekten eingesetzt. Durch die hohe Anzahl an Befragten wird eine höhere Genauigkeit gewährleistet und es können Synergieeffekte auftreten. Die Berichte haben ihren Ursprung in Japan und entstanden am Anfang der 1990er Jahre. Es werden dabei verschiedene Themenfelder abgefragt, beispielsweise Medizin, Produktion, Energie, usw..[65]

1. Bestimmung der Experten,

2. Unabhängiges Beantworten eines Fragebogens durch die Experten,

3. Fragebögen werden statistisch ausgewertet,

---

[65] Vgl. Möhrle/ Isenmann (2008), S. 107-113

4. Mittelwerte der Antworten werden bekanntgegeben und stark abweichende Antworten werden durch die jeweiligen Experten begründet,

5. Mittelwerte und Begründungen werden den einzelnen Experten mitgeteilt, und

6. Wiederholung der Schritte (2) bis (5) ungefähr zwei- bis dreimal mit dem Ziel der Meinungsverdichtung.[66]

Auf ein tieferes Eingehen dieser Methode wird im Rahmen diesem Buch verzichtet, da es sich bei dem zu entwickelnden Früherkennungssystem um eine Konzeption handelt und eine statistische Auswertung von Expertenmeinungen für ein Konzept zu umfangreich ist.

4.6 Scanning und Monitoring

Teilweise wird der Begriff Scanning als Überbegriff verwendet. Eine Trennung zwischen den beiden Methoden ist jedoch notwendig. Die beiden Methoden zeichnen sich durch sehr spezielle und teilweise auch gegensätzliche Charaktereigenschaften aus. [67]

---

[66] Vgl. Recklies (2001), http://www.themanagement.de/pdf/Prognosen.PDF, S. 2-3, 12.02.2015

[67] Vgl. Lasinger (2011), S. 129

Speziell Unternehmen, die markt- und dienstleistungsorientiert sind, müssen branchenübergreifende Informationen erfassen und diese im eigenen Unternehmen zur Verfügung stellen. Leider werden die Datenerfassung und die Analyse heute unbewusst vernachlässigt. Der Grund hierfür liegt in dem immer hektischer werdenden Geschäftsalltag und den personellen Engpässen. Mögliche Risiken und Chancen werden so sehr oft gar nicht oder zu spät erfasst.

Durch ein gezieltes Scanning- und Monitoringsystem kann dies verhindert werden. Scanning bedeutet so viel wie „abtasten oder rastern".

Das System kann in regelmäßigen Abständen Kontextinformationen, die brauchbar sind, verarbeiten. Sie werden gesammelt, analysiert und anschließend mit Trendindikatoren abgeglichen. Im Gegensatz zum Monitoring fokussiert sich das Scanning auf schon eingeschränkte Teilbereiche. Durch die Eingrenzung ist das Scanning wesentlich gezielter als das Monitoring.[68]

Der entscheidende Faktor beim Scanning ist wie breit „abgetastet oder gerastert" werden soll. Beispielsweise macht es wenig Sinn, alle Computerzeitschriften auf dem Markt zu scannen. Vielmehr kann eine Eingrenzung auf die drei Marktführer erfolgen. Allerdings können in Zeitschriften mit kleinen Auflagen mehr Informationen

---

[68] Vgl. Pradel (2001), S. 207-208

enthalten sein als bei den "großen". Ein weiterer wichtiger Faktor ist die Erfahrung der Person oder des Teams, die dieses Scanning durchführt.[69]

Das Monitoring kann mit „überwachen oder erahnen" übersetzt werden. Dabei sollen die schwachen Signale gezielt und kontinuierlich gesammelt und verfolgt werden.[70]

Monitoring ist dann sinnvoll, wenn keine Eingrenzung auf einen speziellen Bereich oder eine spezielle Branche besteht. Es können Daten verarbeitet werden, die qualitativ als auch quantitativ sind. Verkaufszahlen beispielsweise stellen eine quantitative Informationsquelle dar. Sie können relativ einfach ermittelt und ausgewertet werden. Qualitative Informationen hingegen sind wesentlich schwerer zu interpretieren. Als qualitative Merkmale zählen beispielsweise Kundenbedürfnisse und Kundenwerte.

Eines haben beide Systeme jedoch gleich. Eine richtige Signifikanz bekommen sie erst durch das Naming. Hier werden meist englische Wortschöpfungen herangezogen. Dadurch wird „das Kind beim Namen genannt". Durch die Vergabe eines Überbegriffs bzw. Namens

---

[69]Vgl. Horx (2010), http://www.horx.com/zukunftsforschung/Docs/02-M-05-Monitoring-Scanning-Naming.pdf, S. 1-3, 10.02.2015

[70] Vgl. Pradel (2001), S. 208

wird bei Menschen eine gewisse Signifikanz erzeugt, welche erhebliche Auswirkungen haben kann.[71]

Aufgabe des Monitorings ist das gezielte Abtasten des Umfelds im Bezug auf die Thematik des Forecast. Diese Methode sammelt und organisiert verschiedenste Informationen. Die verschiedenen Informationsquellen werden identifiziert. Anschließend werden die Informationen der verschiedenen Quellen gesammelt und so strukturiert, dass sie in einer Prognose verwendet werden können. Grundvoraussetzung hierfür ist, dass die Informationen hilfreich sind für eine Vorhersage und sie gesammelt werden können. Die Stärken dieser Methode liegen in der großen Menge an Informationen, die über eine große Breite gesammelt werden können. Allerdings liegt hier auch eine Schwäche versteckt. Ohne Selektieren, Filtern und Strukturieren der Informationen ist die große Menge an Informationen schwer zu bewältigen. Diese Technik eignet sich vor allem, um aktuelle Beobachtungen in einem bestimmten Bereich zu pflegen. Des Weiteren wird diese Methode eingesetzt, um hilfreiche Informationen zu liefern und um eine Prognose zu strukturieren bzw. für eine eigentliche Vorhersage.[72]

---

[71] Vgl. Horx (2010), http://www.horx.com/zukunftsforschung/Docs/02-M-05-Monitoring-Scanning-Naming.pdf, S. 3, 10.02.2015

[72] Vgl. Roper u.a. (2011), S. 33

Ein Beispiel für ein Monitoring ist das Elektrokardiogramm (EKG). Beim EKG werden alle elektrischen Herzaktivitäten aufgezeichnet und überwacht. Dadurch können Veränderungen des Herzrhythmus sofort erkannt werden. Sobald eine Veränderung vorliegt, ist es für geschultes Personal möglich, Gegenmaßnahmen einzuleiten.

Dieses Beispiel zeigt, dass ein gutes Scanning- und Monitoringsystem Veränderungen sofort sichtbar macht. Marktveränderungen können durch Fachpersonal sofort erkannt und interpretiert werden. Entscheidungsträger können dadurch schnell auf Veränderungen reagieren. Es besteht eine sehr geringe Gefahr, Veränderungen zu verpassen.

4.7 Quality Function Deployment (QFD)

Zur Bestimmung von Kundenbedürfnissen kann die Quality Function Deployment (QFD) eingesetzt werden. Diese Qualitätsmethode kann auch zur sofortigen Umwandlung und Realisierung von notwendigen technischen Lösungen verwendet werden. Mit dieser Methode lässt sich eine sehr genaue und kundenorientierte Produktplanung durchführen. Sie dient nicht nur der Qualitätssicherung. Das QFD kann durch das einfache und strukturierte Vorgehen gezielt miteinander verbundene Aufgaben abarbeiten. Beispiele für diese Aufgaben sind:

- Aufnahme von Kundenanforderungen (indirekt oder direkt),

- Verständnis und Verarbeitung von Anforderungen aus Produzenten-, Verkäufer-, Kunden- und Entwicklersicht,

- Wechselbeziehungen werden erfasst,

- Alleinstellungsmerkmale werden definiert,

- die Kosten-Wert-Relation wird ermittelt,

- klare Kommunikation der Ziele, sowie

- Entscheidungsprozesse müssen nachvollziehbar Dokumentiert werden.[73]

Diese Methode ist besonders gut zur Bewertung geeignet. Durch die starke Teamarbeit aller Teilnehmer werden diese dazu gezwungen, die Entscheidungsfindung aktiv zu beeinflussen. QFD ist sehr flexibel einsetzbar. Sie kann bei der Produktspezifikation und (Neu-) Produktplanung eingesetzt werden. Wichtig ist der Kundenkontakt. Bei der QFD ist der relativ hohe Zeitaufwand etwas nachteilig. Es überwiegen allerdings die Vorteile, diese sind:

- die Entwicklung beginnt schneller,

- geringer Änderungsaufwand,

- Produktionszeiten werden verkürzt,

- Angebote sind profitabler, sowie

---

[73] Vgl. Dörr/Müller-Prothmann (2014), S. 79-81

- Kunden sind zufrieden.

Vor allem die letzten beiden Punkte sind für den technischen Vertrieb sehr wichtig. Im globalen Markt ist die Kundenzufriedenheit wichtiger denn je. Das QFD sollte nicht bei einer ersten Bewertung von Ideen eingesetzt werden. Diese Technik bietet sich vielmehr an, um zur Vor- und Produktentwicklung nötige Merkmale zu definieren. Dadurch wird der Innovationsprozess beschleunigt.

Für die Durchführung des Quality Function Deployment ist es wichtig, die Kundenanforderungen zu ermitteln. Eventuell müssen die Aussagen der Kunden in klar definierte, messbare und aussagefähige Beschreibungen umgewandelt werden. Der Kunde soll die einzelnen Anforderungen priorisieren. Anschließend wird eine Korrelationsmatrix (QFD-Matrix) erstellt. In dieser Matrix sind alle Anforderungen mit den Lösungsmöglichkeiten verknüpft. Die Anforderungs-Lösungs-Beziehungen werden bewertet. Es folgt eine Ermittlung der Lösung mit dem höchsten Erfüllungsgrad. Im letzten Schritt können Beziehungen zwischen Lösungsmerkmalen gebildet werden.[74]

Um eine Entscheidung kreieren zu können, müssen eine ganze Reihe von Bereichen koordiniert werden. Involvierte Bereiche sind das Marketing, das Engineering, der Betrieb und am aller wichtigsten der Kunde. Das Quality Function Deployment (QFD) umfasst

---

[74] Vgl. Dörr/Müller-Prothmann (2014), S. 81-82

alle Bereiche und bringt die Interessen des Kunden zu jedem Zeitpunkt des Entscheidungsprozesses mit ein. Die weiteren Vorteile
dieser Methode stellen sich folgendermaßen dar:

- fördert das bessere Verständnis für die Kundenanforderungen,

- fördert das bessere Verständnis für die Konstruktionsinter-
  aktionen,

- involviert frühestmöglich Operationen in den Prozess,

- beseitigt die traditionellen Barrieren zwischen den Abteilungen, sowie

- fokussiert sich auf den Entwicklungsaufwand.

Das QFD ist auch unter dem Begriff des „House of Quality" bekannt.
Allerdings ist diese Technik nur bei großen Organisationen oder
Projekten sinnvoll, da es sich um eine hochkomplexe Technik handelt. Ein Schema für ein „House of Quality" ist in Abbildung 1 dargestellt. Allerdings kann diese Methode auch eingesetzt werden,
um Herausforderungen, mit denen Entwickler konfrontiert sind, zu
lösen. Hierfür ist eine lange Ausdauer nötig.[75]

---

[75] Vgl. Trott (2012), S. 133

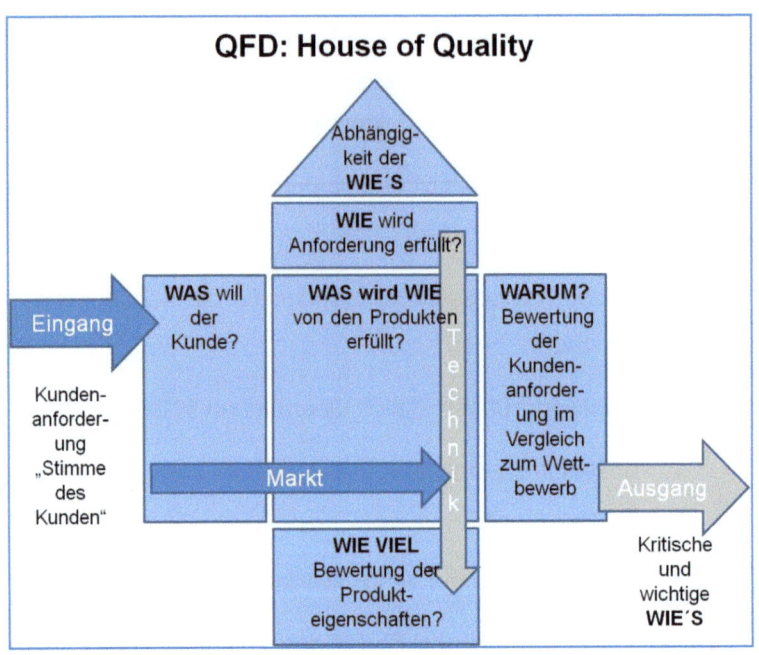

Abbildung 7: QFD: House of Quality[76]

---

[76] Eigene Darstellung in Anlehnung an Dörr/Müller-Prothmann (2014), S. 80

102

5 Konzeption eines Früherkennungssystems

Bei dem zu erstellenden Konzept geht es um die Früherkennung innovationsbedingter Marktveränderungen im technischen Vertrieb. Es wird ein grobes Konzept für die Früherkennung vorgestellt werden. Zu Beginn werden eine Abgrenzung und eine Erläuterung durchgeführt. Hier werden die Inhalte des Konzepts definiert und erläutert. Danach werden die einzelnen Bereiche des Früherkennungskonzepts näher erläutert.

Wichtig für ein Früherkennungssystem ist, zu wissen, wann ein nicht erkanntes Risiko Kosten nach sich zieht. Des Weiteren ist es von großer Bedeutung, zu erkennen, wann die Gewinne einer Chance verloren gehen.[77]

Bei einer Befragung von 285 Managern durch das Harvard Business Manager Magazin ist die eindeutige Antwort: Entscheidend für die flexible Anpassung eines Unternehmens an Marktveränderungen ist die Qualität der Früherkennung. [78]

---

[77] Vgl. Lasinger (2011), S. 36-37

[78] Vgl. Schlack (2008), http://www.schlack-consultant.de/documents/FruherkennungvonMarktveranderungen_000.pdf, S. 2, 07.03.2015

5.1 Einleitung zum Früherkennungskonzept

Die Erfassung von Signalen im Markt sollte ein kontinuierlicher Prozess sein. Nur dann kann man gewährleisten, dass die verschiedenen Signale aufgefangen werden. Schlüsselfaktoren die heute noch aktuell sind, veralten mit der Zeit, neue Trends entstehen, der technologische Fortschritt hält an, Planungsperspektiven verschieben sich und Zukunftsprojekte werden von der Gegenwart überholt. Die Liste kann durchaus noch fortgeführt werden. Jedoch ist die Kernaussage dieser Beispiele identisch. Alles verändert sich und heute schneller denn je. Daher ist eine kontinuierliche Erfassung der Faktoren unabdingbar.

Grundlegend ist zu beachten, dass Früherkennung nichts mit der Planung zu tun hat. Bei der Früherkennung geht es darum, die Signale, egal wie stark oder schwach, aufzufangen und in den Entscheidungsprozess zu integrieren.[79]

Den meisten wichtigen Entwicklungen gehen "schwache Signale" voraus. Unternehmen sind aber immer weniger in der Lage diese Signale aufzufangen. In Verbindung mit dem verschärften Wettbewerb kann dies schnell zu drastischen Veränderungen führen. Die meisten Krisen in Unternehmen waren vorhersehbar, wenn die Signale aufgefangen worden wären. Daher geht es bei der

---

[79] Vgl. Fink/Schlake/Siebe (2001), S. 182-184

104

strategischen Früherkennung im Wesentlichen darum, die schwachen Signale früher aufzufangen. Dazu müssen die "Antennen" ausgefahren werden. Wenn die Signale früher erkannt werden, müssen diese auch schneller verarbeitet werden. Durch die schnellere Verarbeitung können die Eingriffs- und Gestaltungsmöglichkeiten erheblich verbessert werden.[80]

Aus der Literatur geht hervor, dass einige Unternehmen eine Art Ideensammlung integrieren. In Verbindung mit einem betrieblichen Vorschlagswesen und einem kontinuierlichen Verbesserungsprozess wird dadurch teilweise ein Ideenmanagement realisiert. Dies wird meist durch Ideensammlung im Unternehmen, Ideenkampagnen oder interne Ideenboxen beschrieben. In der Literatur findet man dazu mehrere Möglichkeiten. Allerdings findet sich in der Literatur kein Hinweis auf eine systematische Erfassung von Daten im technischen Vertrieb. Der Autor arbeitet selber im technischen Vertrieb. Seine eigenen Ansichten und Erfahrungen fließen in das folgende Konzept mit ein.

Häufig werden schwache Signale erst dann relevant, wenn diese ausreichend konkret sind. Oft ist es dann zu spät. Wie in untenstehender Abbildung 8 ersichtlich, nimmt die traditionelle Planung erst dann das Signal wahr, wenn die Gestaltungs- und Eingriffsmöglichkeiten der Unternehmen sehr gering werden. Beim Abtasten geht

---

[80] Vgl. Fink/Schlake/Siebe (2001), S. 26-28

es darum die "Antennen" auszufahren. Gerade der technische Vertrieb hat bei seiner täglichen Arbeit die Möglichkeit, viele Informationen zu sammeln. Er bekommt die Anforderungen der Kunden und somit die Kundenwünsche mit. Eventuell empfiehlt es sich auch, sich einem Fachverband anzuschließen. Dies Verbände kümmern sich sowohl um politische als auch gesetzliche Neuerungen. Diese äußeren Einflüsse können ebenfalls vom technischen Vertrieb wahrgenommen werden, unterliegen aber auch zu einem Großteil der Unternehmensführung. In diesem Konzept beschränkt sich der Autor auf die Signale, die bei der täglichen Arbeit gesammelt werden können. Vor allem spielen hier die äußeren Signale eine bedeutende Rolle. Gerade die tägliche Arbeit mit den Problemstellungen von Kunden bietet ein hohes Innovationspotential. Genau hier setzt das Konzept an. Es geht vorwiegend darum, die Signale strukturiert aufzufangen und auszuwerten. Durch das Früherkennungskonzept, welches in dem folgenden Kapitel vorgestellt wird, kann dies umgesetzt werden.

Interne Kennzahlen sind nicht weniger wichtig, werden aber vernachlässigt, da diese eher internen Auswertungen betreffen und nicht in dieses Konzept der Früherkennung passen.

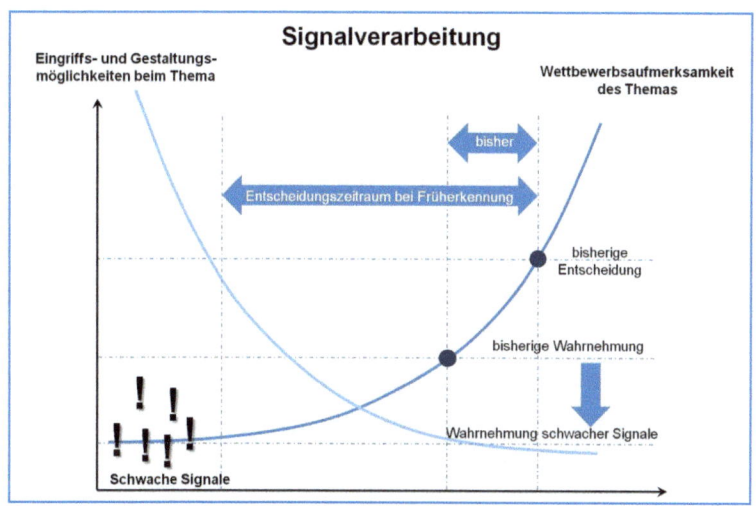

Abbildung 8: Signalverarbeitung[81]

Die Früherkennung kann in vier Bereiche eingeteilt werden.

Abtasten: Das Abtasten wird auch als Scanning bezeichnet. Dabei geht es darum, mögliche Trends und Marktveränderungen und eine richtungslose Wahrnehmung von Faktoren im Unternehmensumfeld. Dies ist der Ausgang für die folgenden eng miteinander verbundenen Bereiche.

Interpretation: Das vernetzte Denken ist hier ein wesentliches Element. Die beim Abtasten identifizierten Faktoren werden hier interpretiert, analysiert und in das strategische Denken des

---

[81] Eigene Darstellung in Anlehnung an Fink/Schlake/Siebe (2001), S. 185

Unternehmens eingebracht. Auch die folgenden Prozesse und deren Ergebnisse werden interpretiert.

Beobachtung: Einer kontinuierlichen Beobachtung bedarf es bei besonders kritischen Faktoren. Beispiele hierfür sind Indikatoren für Krisen oder Bedingungen für bestehende Strategien.

Vorausschau/ Vorausdenken: Dieser Bereich ist für die erfolgreiche Früherkennung sehr wichtig, auch für Beobachtungs- und Interpretationsresultate sowie Trends und neue Faktoren. In der folgenden Abbildung 9 werden die Bereiche dargestellt.[82]

---

[82] Vgl. Fink/Schlake/Siebe (2001), S. 184

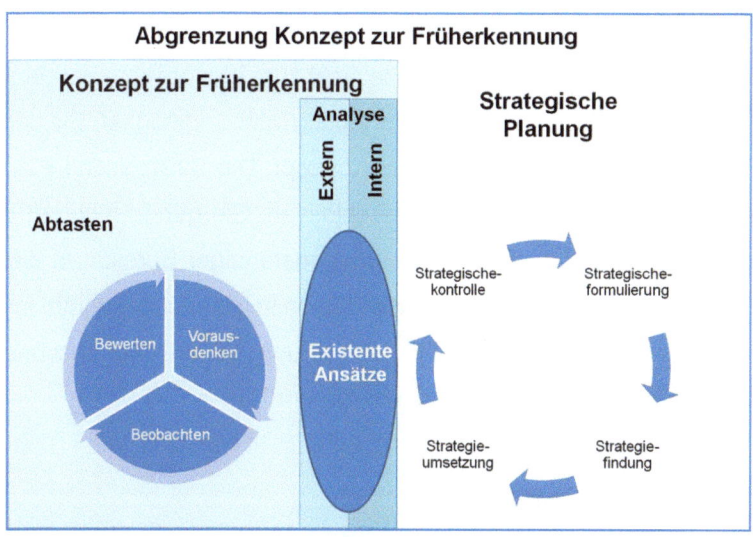

Abbildung 9: Eigene Abgrenzung Konzept zur Früherkennung[83]

Die vier genannten Bereiche werden in dem Konzept konkret behandelt. Das Abtasten, Interpretieren, Vorausdenken und Beobachten bilden die Kernbereiche des Früherkennungskonzepts. In
der oben ersichtlichen Abbildung 9 sind noch zwei weitere Bereiche
dargestellt. Die Analyse und die Strategische Planung. Bei der Analyse werden mit Hilfe der in Kapitel Existente Ansätze zur Untersu-
chung von innovationsbedingten Marktveränderungen vorgestellten Methoden die gesammelten Informationen verarbeitet. Es kommen nicht alle angeführten Methoden zum Einsatz. Der Verfasser

---

[83] Eigene Darstellung in Anlehnung an Fink/Schlake/Siebe (2001),
S. 29

beschränkt sich auf die seiner Meinung nach am besten in das Konzept passenden Methoden. Die nicht zum Einsatz kommenden Methoden sind aber nicht weniger wichtig oder ungeeignet. Sie passen lediglich nicht in das folgende Konzept. Die Strategische Planung wird aus dem Konzept ausgeschlossen. Sie gehört nicht zu einer Früherkennung sondern ist ein eigenständiger Bereich. In diesem Bereich werden die analysierten Daten in Handlungsschritte im Unternehmen umgesetzt. Die Umsetzung gehört wie beschrieben nicht zu einem Früherkennungssystem.

5.2 Erfassung der innovativen Marktveränderungen

In den Folgenden Kapiteln wird das Konzept der Früherkennung näher erläutert. Bei dem Konzept handelt es sich um eine grobe Konzeption, da es keine Einschränkung auf eine bestimmte Branche gibt. Des Weiteren kann dieses Konzept nicht als Standardmodell verwendet werden. Es dient lediglich als Vorschlag für ein Früherkennungssystem und wie dieses grundsätzlich umgesetzt werden kann. In Abbildung 1 ist ersichtlich, dass sich jedes Unternehmen über seine Unternehmenskultur, Unternehmensphilosophie und Unternehmenspolitik im Klaren sein muss. Erst dann kann ein konkretes Früherkennungssystem, welches auf das jeweilige Unternehmen zugeschnitten ist, integriert werden. Auch die Unternehmensgröße darf nicht vernachlässigt werden. Es werden entsprechende Ressourcen notwendig sein, um ein Früherkennungssystem durchzuführen. Die benötigten Ressourcen bilden zum einen die finanzielle als auch die humane Komponente. Für das Konzept werden verschiedene Unternehmensbereiche, die in Verbindung mit dem technischen Vertrieb stehen, betrachtet. Die Aufgaben der einzelnen Bereiche können sich von Unternehmen zu Unternehmen unterscheiden. Da es sich um ein Konzept handelt, kann diese Ausarbeitung keine allgemeingültige Lösung darstellen. Jedoch kann dieses Konzept ein Einstieg in die Thematik der Früherkennung in Unternehmen mit einem technischen Vertrieb darstellen. Das Konzept setzt eine Software zur Verwaltung von Kundendaten voraus.

Für das Früherkennungskonzept ist entscheidend, dass der Fokus nicht allein auf die Erfassung von schwachen Signalen gelegt wird. Vielmehr müssen alle Signale in Betracht gezogen werden. Eine Unterscheidung der Signale wird erst nach der Erfassung stattfinden. Diese Unterscheidung kann dabei recht einfach gehalten werden. Die Dissertation von Geißler schlägt dazu zwei Möglichkeiten vor. Zum Einen, alle messbaren Signale als starke Signale und dementsprechend alle nicht messbaren Signale als schwache Signale einzustufen. Zum Anderen kann eine Aufteilung mittels Interpretation erfolgen. Es können alle leicht zu interpretierenden und mit ihrer relativ klaren Auswirkung als starke Signale interpretiert werden und vice versa.[84]

---

[84]Vgl. Geißler (1995), S. 151-155

Grundmodell

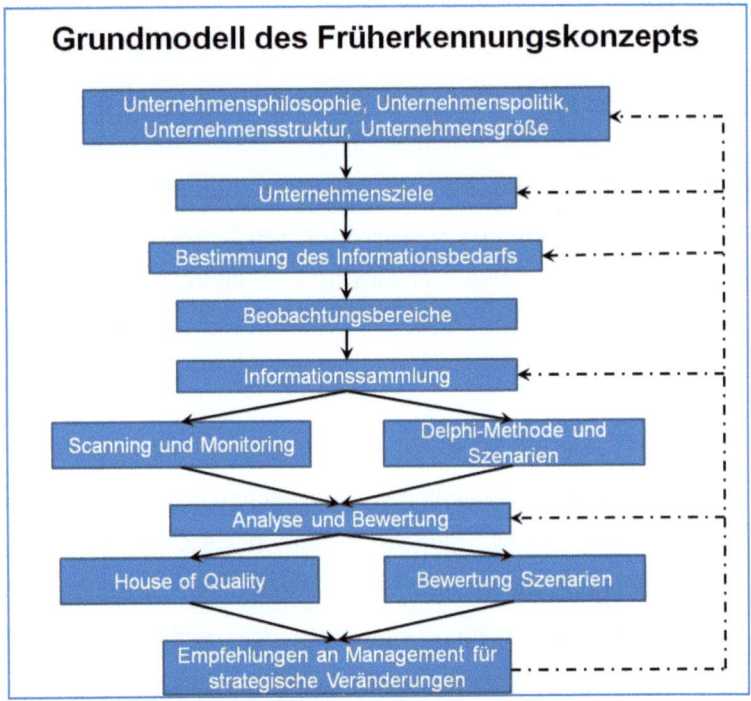

Abbildung 10: Grundmodell des Früherkennungskonzepts

In der oben abgebildeten Darstellung (Abbildung 10) wird eine kurze Übersicht über das Grundmodell des Früherkennungskonzepts dargestellt. Wie schon beschrieben sind alle weiteren Schritte – zur Einführung eines Früherkennungssystems – von der Unternehmensphilosophie, Unternehmenspolitik, Unternehmensstruktur und der Unternehmensgröße abhängig. Dadurch definieren sich die Unternehmensziele. Sind diese Punkte bekannt, muss der

Informationsbedarf bestimmt werden. Dieser Informationsbedarf wird anschließend in Beobachtungsbereiche eingeteilt. Erst dann kann die eigentliche Informationssammlung durch die verschiedenen Möglichkeiten vollführt werden. Die gesammelten Informationen werden analysiert und bewertet. Die analysierten und bewerteten Daten werden mit Empfehlungen an das Management weitergereicht. Das Management kann dann die strategischen Änderungen durchführen. Das Management gibt die Rückmeldung und steuert die einzelnen Bereiche.

Konzept

Das Konzept gliedert sich in drei Hautbereiche. Diese Bereiche werden im Folgenden als Team oder Gruppe bezeichnet.

Das erste Team ist das Abtast-Team. Die Aufgabe dieser Gruppe ist es, bei der täglichen Arbeit relevante Daten zu sammeln. Zu dieser Gruppe gehören der technische Außendienst, der Innendienst und weitere Unternehmensteile wie beispielsweise die Geschäftsführung.

Die zweite Gruppe ist das Vorausschau-Team. Es kommt in regelmäßigen Abständen zusammen und erstellt Zukunftsbilder. Diese Gruppe setzt sich vor allem aus Personen zusammen, die nicht im unmittelbaren Kundenkontakt stehen. Dazu gehören das Produktmanagement mit seinen einzelnen Bereichen und eventuell externe Personen.

Das letzte Team ist das Analyse- und Bewertungsteam. Dieses Team bewertet und analysiert die gewonnenen Daten sowohl vom Abtast-Team als auch vom Vorausschau-Team. Es bildet den Abschluss des Früherkennungssystems. Von diesem Team werden konkrete Handlungsvorschläge an das Management ausgegeben.

Die detailliertere Ausarbeitung über die Teams und deren Aufgabenbereiche finden sich in den anschließenden Kapiteln.

In der folgenden Abbildung 11 ist das in der Folge vorzustellende Früherkennungskonzept übersichtlich dargestellt.

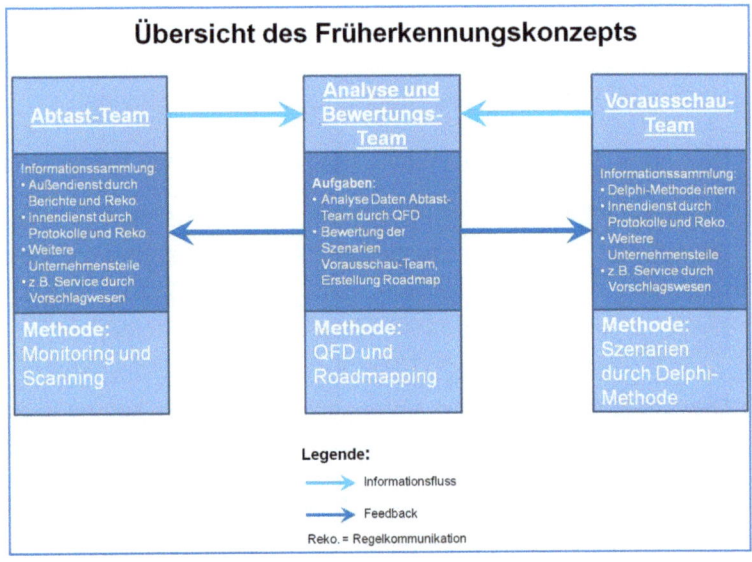

Abbildung 11: Übersicht des Früherkennungskonzepts

5.3 Abtast-Team

Für ein gutes und vor allem erfolgreiches Früherkennungssystem spielen nicht nur die Daten aus der Vergangenheit eine Rolle. Diese sind zwar wichtig, aber aus ihnen kann nur eine Prognose erstellt werden. Die Problematik der Prognose wurde in Kapitel 4 erläutert. Prognosen sind für ein Früherkennungssystem ungeeignet. Die Daten, auf denen die weiteren Schritte basieren, müssen daher zukünftige Entwicklungen abbilden können.

Bei dem Thema Früherkennung, in der Verbindung mit der heutigen Zeit, denken wahrscheinlich viele sofort an eine Software, die das übernimmt. Allerdings ist dies nicht so einfach. Ein Software-unterstütztes System, welches alle relevanten Marktveränderungen sammelt und bewertet, ist eine Illusion. Es handelt sich um zu viele komplexe Daten, damit ein solches System funktionieren könnte. Allerdings heißt dies nicht, dass eine solche Früherkennung in der Praxis nicht funktioniert oder durch Software unterstützt werden kann. Lediglich würde ein reines Softwaresystem nicht funktionieren. [85]

---

[85] Vgl. Schlack (2008), http://www.schlack-consultant.de/documents/FruherkennungvonMarktveranderungen_000.pdf, S. 5-6, 07.03.2015

In der Literatur werden verschiedenste Quellen für mögliche Informationen angegeben. Es wird beispielsweise die Medienlandschaft in ihren verschiedenen Erscheinungsformen angeführt. Von Zeitschriften, Pressemitteilungen, Zeitungen, Medienberichte, Trendmeldungen, usw. ist die Rede. Von dieser Meinung distanziert sich der Verfasser. Im technischen Bereich sind Neuerungen, welche in Zeitschriften oder anderen Medien publik gemacht werden, nicht mehr wirklich „neu". Wenn eine neue Technologie in diesen Medien der Öffentlichkeit präsentiert wird, ist diese für den Ottonormalverbraucher zwar neu, allerdings für die Branche nicht mehr. Genau hier liegt nach der Meinung des Verfassers das Problem. Vielleicht lassen sich die Medien für andere Branchen nutzen. In technischen Branchen geht es darum, der Erste mit neuen Technologien zu sein. Erfährt man aus der Presse diese Neuerung hat die Früherkennung versagt oder gar nicht erst stattgefunden.

Hier greift das Konzept ein. Es geht darum die Signale – egal wie stark oder schwach – zu sammeln und anschließend zu bewerten bzw. zu analysieren. Für die Bewertung und die Analyse kann auf die vorgestellten Methoden zurückgegriffen werden. Das Konzept wird in den verschiedenen Bereichen Vorschläge für geeignete Methoden machen. Allerdings kann dies sich je nach Branche oder Struktur der Unternehmen verändern.

Das Abtast-Team setzt sich zusammen aus dem technischen Außendienst, Innendienst und weiteren Unternehmensteilen.

In diesem Konzept gehören zum technischen Außendienst sowohl Vertriebsingenieure als auch "normale" Außendienstmitarbeiter. Diese Mitarbeiter zeichnen sich durch den persönlichen und engen Kontakt mit dem Kunden aus. Dabei wird nicht unterschieden, ob es sich um Großkundenbetreuer (Key Account Manager) oder um den Flächenvertrieb handelt. Alle Außendienstmitarbeiter sind für dieses Früherkennungssystem wichtig.

Der Innendienst setzt sich aus den jeweiligen beschäftigten Personen und den zuarbeitenden Ingenieuren zusammen. Hier kommt es zu Überschneidungen mit dem Produktmanagement aus dem Vorausschau-Team. Die Begründung ist, dass in diesem Konzept eine Mischform angenommen wird. Dies begründet sich auf der Erfahrung des Verfassers. Dies bedeutet, dass sowohl Ingenieure im Innendienst als auch im Produktmanagement vorhanden sind, welche den Außendienstmitarbeitern zuarbeiten. Auf eine Darlegung der genauen Aufgabenverteilung wird verzichtet, da diese irrelevant ist.

Je nach Branche, Unternehmensstruktur und Unternehmensphilosophie kann diese Einteilung variieren.

Als Methode für das Abtast-Team wird in diesem Konzept das Scanning und Monitoring gewählt.

Vor der Informationssammlung müssen jedoch der zu beobachtende Bereich und die möglichen Informationsquellen erörtert werden. Im technischen Vertrieb bildet der Kunde die größte und zugleich wichtigste Informationsquelle. Daneben bilden die verschiedenen Fachmessen eine sehr gute Informationsquelle. Wie schon vorher beschrieben, sind Zeitschriften im technischen Vertrieb als Informationsquellen ungeeignet. In den folgenden Kapiteln werden die verschiedenen Gruppen näher beschrieben und dargestellt. Des Weiteren werden die Methoden der Informationssammlung näher beschrieben.

Der zu beobachtende Bereich erstreckt sich im Fall des Abtast-Teams auf Umweltbedingungen im und außerhalb des eigenen Marktes. Es ist wichtig, dass der Vertrieb alle relevanten Informationen sammelt. Die gesammelten Daten werden dem Bewertungs- und Analyse-Team zur Verfügung gestellt. In der vorher angeführten Abbildung 11 die einzelnen Bereiche und deren Zusammenspiel anschaulich erläutert.

5.3.1 Technischer Außendienst

Im Gegensatz zu den internen Beobachtern, die sich auf ausgewählte interne Kennzahlen konzentrieren, sollen sich die externen Beobachter mit dem Unternehmensumfeld befassen. Zu den externen Beobachtern gehört auch der technische Vertrieb. Um das Früherkennungssystem zu komplettieren, sollten alle Mitarbeiter Änderungen in das Früherkennungssystem implementieren können.

In dieser Gruppe geht es darum, dass die externen Beobachter – also der technische Vertrieb – Signale erkennen. Der technische

Außendienst bildet die größte Informationsquelle eines Unternehmens, in dem ein solcher vorhanden ist. Dieses Konzept sieht vor, dass alle Außendienstmitarbeiter als Informationsquelle dienen. Beim Innendienst kann eine spezielle Auswahl getroffen werden. Wie dies genau aussehen kann, wird in den folgenden Kapiteln näher erläutert.

Mit dem technischen Verständnis kann der technische Vertrieb vorab priorisieren bzw. interpretieren. Allerdings dürfen niedrig priorisierte Punkte nicht gestrichen werden. Eventuelle Veränderungen können dazu führen, dass diese Punkte nochmals ausgewertet werden müssen. Dieser Schritt ist wichtig, um eine zu hohe Daten- und Informationsflut zu vermeiden.

In den meisten Unternehmen mit einem technischen Vertrieb gibt es ein System, in dem die Kundendaten verwaltet werden. Allerdings liegt die Problematik in der Auswertung der Daten. Diese können nur mit einem hohen Aufwand gesammelt und interpretiert werden. Das Konzept arbeitet hier mit einem speziell erstellten Fragebogen. Kundenbesuche, Kundentelefonate und Besuchstermine werden in den meisten Unternehmen dokumentiert. Teilweise mit einem standardisierten Besuchsbericht. Allerdings gibt es auch Unternehmen, in denen keine standardisierten Besuchsberichte vorhanden sind.

Egal ob Besuchsberichte standardisiert sind oder nicht, dieses Konzept arbeitet mit einem kontinuierlichen Berichtswesen. Unternehmen, in denen keine einheitlichen Berichte vorhanden sind, haben dadurch einen größeren Vorteil. In diesen Besuchsberichten müssen spezielle Fragen beantwortet bzw. Informationen ausgefüllt werden. Neben den üblichen Angaben zu dem besuchten Kunden können mehr Informationen gesammelt werden. Ein Entwurf eines solchen Berichts ist in Abbildung 13 und Abbildung 14 zu finden. Für Unternehmen, die ein bestehendes System zur Verwaltung der Kundendaten haben, kann eine Anpassung des Systems an die Berichte vorgenommen werden. So können die Berichte hinterlegt oder eingepflegt werden und die Auswertung wird vereinfacht.

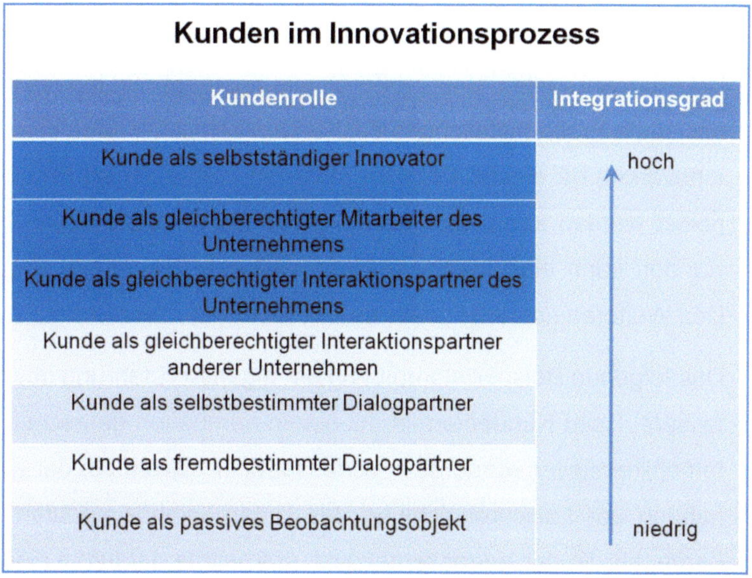

Kunden im Innovationsprozess	
Kundenrolle	**Integrationsgrad**
Kunde als selbstständiger Innovator	hoch
Kunde als gleichberechtigter Mitarbeiter des Unternehmens	
Kunde als gleichberechtigter Interaktionspartner des Unternehmens	
Kunde als gleichberechtigter Interaktionspartner anderer Unternehmen	
Kunde als selbstbestimmter Dialogpartner	
Kunde als fremdbestimmter Dialogpartner	
Kunde als passives Beobachtungsobjekt	niedrig

Abbildung 12: Kunden im Innovationsprozess[86]

---

[86] Eigene Darstellung in Anlehnung an Georgy (2011),

http://www.agmb.de/papoopro/dokumente/up-load/2e06e_AGMB_Georgy.pdf, S. 19

Kunden

Die Kunden stellen eine große Quelle für mögliche Innovationen dar. Viele Problemstellungen bei Kunden beinhalten eine mögliche Innovation, da dieses Problem nicht mit vorhandenen Produkten gelöst werden kann. Gerade bei persönlichen Gesprächen beim Kunden kann eine Menge an Informationen gesammelt werden. Des Weiteren können Parallelen besser erkannt werden.

Das folgende Beispiel stammt aus der eigenen Erfahrung des Verfassers. Beim Kundentermin mit einem namhaften deutschen Automobilhersteller wurde dem Verfasser ein Problem bei der Handhabung der Lackiereinrichtung des Unternehmens erläutert. Die Firma, für die der Verfasser tätig ist, erarbeitete daraufhin eine Lösung. Nach einer Testphase mit positivem Ausgang kontaktierte der Verfasser die anderen Werke des Herstellers. Die erarbeitete Lösung fand große Nachfrage bei den zuständigen Ansprechpartnern. Auch andere Automobilhersteller waren von der Lösung überzeugt.

Dieses Beispiel zeigt deutlich, dass der Kunde und speziell dessen Problemstellungen ein enormes Innovationspotential mit sich bringen. Allerdings muss hierfür der Informationsfluss in einem Unternehmen richtig funktionieren. Durch ein einheitliches Berichtswesen können solche Signale erfasst und genutzt werden.

Die normalen Besuchsberichte beinhalten nur die nötigsten Daten. Auf die inhaltliche Ausführung solcher Besuchsberichte wird verzichtet, da Sie für das zu erstellende Konzept eine untergeordnete

Rolle spielen. Der in der Folge vorgestellte Besuchsbericht ist eigenständig für dieses Konzept erstellt worden. Er kombiniert die allgemeinen Informationen eines Besuchsberichtes mit den neuen Informationen für das Konzept. Der Besuchsbericht zur Erfassung der Signale ist eine Kombination aus Textfeldern für Kommentare und Pflichtangaben zum Ankreuzen. Der Inhalt kann von jedem Unternehmen frei gewählt werden und ist abhängig von den zu erzeugenden Informationen.

In dem Konzept geht es darum, eine Parallelität zwischen Branchen herauszufinden und eventuelle innovative Ideen zu dokumentieren. Mit Hilfe des Kunden können Ideen gesammelt und Veränderungen auf dem Markt aufgefangen werden. Jeder einzelne Teil des Besuchsberichts kann ausgewertet werden und dient dazu, Signale kenntlich zu machen.

Besuchsbericht

Datum: _____
Unternehmen/ Firma: _____
Branche: _____
Dauer Gespräch: _____
Gesprächsatmosphäre: _____
Besuchsart: _____

AP Name: _____
Abteilung: _____
Funktion: _____
Email-Adresse: _____
Telefon: _____
Handy: _____
Persönliches: _____
_____

Lob des Kunden

Kritik des Kunden (Reklamationen, Verbessungsvorschläge):

Problemstellung (Bedürfnisse, Engpässe, usw.):

Interesse an welchen Produkten? Wo werden die Produkte eingesetzt?

Gesprächsinhalt (Vereinbarungen, Zugeständnisse, Abmachungen, usw.):

Abbildung 13: Eigens erstellter Besuchsbericht Teil 1

124

Informationen über Marktbegleiter:

Neue Produkte:		Struktur:	
Nein		Nein	
Ja	Weche?	Ja	Wie?

Veränderungen auf dem Markt des Kunden?

To-Do Liste

Email:		Anhang:	
Neuer Besuchtermin:		Vereinbaren:	
Nachfassen am:		Nachgefasst	

Auswertung Besuchstermin:

Sind die Produkte auch für andere in der Branche interessant?

Nein		
Ja	Welche?	

Kopie an:	Kopie an:
Begründung:	Begründung:

Kundenanfrage?

Nein		Akquise	Ja	
Ja		Kontaktform?		

Abschätzung Chancen und Risiken

Chancen:
Risiken:

Sonstiges:

Abbildung 14: Eigens erstellter Besuchsbericht Teil 2

Der oben aufgeführte Besuchsbericht dient als Veranschaulichung, wie ein solcher Bericht aussehen kann. Der Weiteren bietet er die Möglichkeit, zu erläutern, welche Informationen gewonnen werden können und wie später damit umgegangen werden kann. Die im Folgenden beschriebenen Punkte sind in der Auswertung und Interpretation dieses Konzepts besonders wichtig. Für die Erläuterung des Berichts wird dieser in vier Teile mit unterschiedlicher farblicher Kennzeichnung aufgeteilt.

Im oberen Bereich (grün) der Darstellung finden sich allgemeine Angaben zum Ansprechpartner. Die wichtigsten Angaben sind hier die Branche, die Besuchsart und die Abteilung.

Mit Hilfe der Angabe über die Branche können Synergien genutzt werden. Wird zum Beispiel ein Auftrag in der Endstellenfiltration in einer Käserei platziert, so liegt es nahe, dass auch andere Käsereien in ihrem Produktionsprozess diese Filter einsetzen können. Die Bekanntheit der Branche führt außerdem dazu, dass sich ein Bild über den Einsatz der Produkte erstellen lässt. Dies dient nicht nur zur Steigerung des Absatzes, sondern auch zur schnelleren Reaktion bei der Einführung von Innovationen. Wenn einem Unternehmen bekannt ist, in welchen Branchen und mit welcher Aufgabe ein Produkt eingesetzt wird, können Innovationen den entsprechenden Aufgaben und Branchen angepasst werden.

Nach der Auffassung des Verfassers ist ein weiterer wichtiger Punkt die Besuchsart. Es ist wichtig, die gewonnenen

Informationen richtig interpretieren zu können. Daher ist es wichtig, zu wissen, um was für eine Besuchsart es sich handelt. Handelt es sich um einen Erstbesuch zur Neukundengewinnung, müssen die gewonnenen Informationen anders interpretiert werden. Bei einem Erstbesuch müssen so viele allgemeine Informationen wie möglich gesammelt werden. Dieses Gespräch dient vor allem zum Kennenlernen und zur Platzierung von ersten Produkten. Handelt es sich allerdings um eine Anfrage und einen daraus entstandenen Besuchstermin, kann eventuell eine Innovation aus der Kundenanfrage hervorgehen. In Verbindung mit der Auswertung, welche später noch erläutert wird, kann man die Informationen anders interpretieren. Bei Folgekontakten von Bestandskunden ist die Informationstiefe sehr wahrscheinlich höher als bei Erstkontakten. Das aufgebaute Vertrauen führt zu einer partnerschaftlichen Zusammenarbeit. Hier können Problemstellungen zusammen bearbeitet werden und dies eventuell Innovationen auslösen.

Die Abteilung ist ebenfalls wichtig. Verschiedene Abteilungen wie beispielsweise die Instandhaltung, existieren branchenunabhängig. Die Aufgaben in den Unternehmen unterschiedlicher Branchen hingegen sind nahezu identisch. Es gilt hier das Gleiche wie bei der Angabe über die Branche. Es zeichnet sich ein Bild über die Verteilung der Produkte ab. Des Weiteren können neue Produkte schneller platziert werden.

Alle weiteren Angaben dienen zur Vervollständigung und Pflege der Daten im System.

Der mittlere Teil (orange) kennzeichnet sich vor allem durch die auszufüllenden Textfelder. Die hier gewonnenen Informationen sind, sorgfältig zu dokumentieren. Je präziser die Informationen sind umso besser können diese ausgewertet werden. Hierbei reicht ein stichwortartiges Ausfüllen der Textfelder. Dabei muss darauf geachtete werden, dass der Zusammenhang der Informationen nicht verloren geht. Innovationsmöglichkeiten bieten vor allem die Textfelder mit der Kritik des Kunden und der aktuellen Problemstellung. Dies bedeutet jedoch nicht, dass die anderen aufgeführten Textfelder des Konzept-Besuchsberichts weniger wichtig sind. Die Anordnung der verschiedenen Textfelder ist nicht nach Wichtigkeit sortiert, sondern bildet lediglich die inhaltlichen Punkte des Besuchsberichts ab, die für das Konzept benötigt werden.

Für mögliche Innovationen ist die Kritik des Kunden unerlässlich. Gerade in der Kritik stecken oftmals wichtige Informationen, wie man diverse Veränderungen herbeiführen kann. Ob daraus eine Innovation entsteht, ist im Vorfeld nicht zu erkennen, umso wichtiger ist die Dokumentation der Kritik. Die Kritik setzt sich nicht nur mit strategischen Veränderungen auseinander, sondern auch mit technischen. Dadurch können neue Anforderungen an das Produkt generiert werden. Dies führt zum Einen zu einer besseren Qualitätssicherung und zum Anderen zu eventuellen Innovationen. Die Lücke zwischen dem Anspruch des Kunden an das Produkt und den Spezifikationen kann so minimiert werden.

Die aktuelle Problemstellung bietet die höchste Innovationsmöglichkeit. Die Anforderungen, die ein Kunde an ein Produkt hat, können zu Innovationen führen. Sicherlich können viele Kundenherausforderungen mit Produkten aus dem aktuellen Portfolio abgedeckt werden. Im heutigen Hightech-Zeitalter finden sich in den Problemstellungen auch Möglichkeiten zur Innovation.

Ein Beispiel aus der Praxis des Verfassers verdeutlicht dies: Durch das Erneuerbare-Energie-Gesetzt müssen Unternehmen diverse Maßnahmen zur Verbesserung ihrer Energiebilanz ergreifen. In einem Kundengespräch wurde der Autor auf den Energieverbrauch von Adsorptionstrocknern angesprochen.

Adsorptionstrockner werden eingesetzt um eine Luftmenge größer 1000 m³/h und einen Drucktaupunkt von besser als 0°C zu erreichen. Dabei werden die Anlagen nach der Regenerationsart unterschieden. Bei der Anlage im Beispiel handelt es sich um einen warmregenerierten Adsorptionstrockner. Diese Trockner arbeiten mit einer externen Heizquelle, deren Heizzeit entsprechend dem aktuellen Volumenstrom eingestellt wird. In den üblichen Geräten wurde eine Standardgröße der Heizung verbaut und die Einstellung auf den entsprechenden Volumenstrom erfolgte durch eine Blende. Die Problematik bei dieser Ausführung war, dass man die Anlagen immer auf den maximalen Volumenstrom einstellen muss. Ansonsten konnte man eine vollständige Regeneration nicht gewährleisten. Der Energieverbrauch bei kleineren Volumenströmen war entsprechend hoch.

In dem Kundengespräch wurde der Autor auf mögliche Energieeinsparungen der Anlage angesprochen. Das Unternehmen hatte sich zuvor nicht mit dieser Thematik auseinandergesetzt. Der Verfasser dokumentierte die Kundenanforderung und leitete diese an den technischen Leiter des Unternehmens weiter. Auf Grund dieser Kundenanfrage wurde eine innovative Lösung mit Patentanmeldung generiert. Die Heizleistung wurde reduziert, indem man die Heizphase mittels Frequenzumrichter steuert. Dadurch konnte die Heizleistung um bis zu 30% reduziert werden. Auch für andere Bereiche war diese Innovation sehr interessant und der Absatz konnte um knapp die Hälfte gesteigert werden.

Dieses Beispiel zeigt deutlich, wie sich die Problemstellungen von Kunden auf die eigene Innovationskraft auswirken können. Durch die Herausforderungen, mit denen die Unternehmen konfrontiert werden – hier die Gesetzesänderung – können innovative Lösungen erarbeitet werden. Des Weiteren werden die Veränderungen im Umfeld und deren Möglichkeiten bekannt.

Das Textfeld für den Einsatz der Produkte soll an dieser Stelle nicht unerwähnt bleiben. Dieses Textfeld bietet eine sehr gute Möglichkeit, die eigenen Produkte optimal im Markt zu platzieren. Durch die Angaben kann der optimale Einsatz von innovativen Produkten gewährleistet werden.

Im blauen Teil des Besuchsberichts sind die Informationen zu den Marktbegleitern und dem Umfeld des Kunden wichtig.

Im Bereich des Marktbegleiters kann eine Veränderung des Produktportfolios des Kunden festgestellt und dokumentiert werden. Sowohl Änderungen in der Struktur als auch bei den Produkten können erfasst werden. Die Veränderung, beispielsweise des Portfolios beim Marktbegleiter, bietet die Möglichkeit, selbst Entscheidungen über die eigene Produktvielfalt zu treffen. Ebenfalls kann durch das Erfassen die Auswirkung der Veränderung besser abgeschätzt werden. Hier geht es vorwiegend darum, diverse Entwicklungen nicht zu „verschlafen".

Die Veränderungen auf dem Markt des Kunden können zu Innovationen führen. Beispielsweise können hier Gesetzesänderungen angeführt werden. Diese betreffen das eigene Unternehmen meist nicht direkt, sondern wirken sich nur auf die Kunden aus.

Der letzte Teil (rot) des Besuchsberichts dient zur ersten Auswertung. Dies sollte nicht beim Kunden geschehen. Es empfiehlt sich daher, für diesen Teil die Rückseite oder ein extra Blatt zu nehmen. Durch das technische Know-How kann der technische Außendienst eine vorab Auswertung durchführen. Durch die Erfahrung kann beispielsweise eine andere Branche ausgemacht werden. Gewisse Produkte werden von Unternehmen teilweise für andere Aufgaben eingesetzt als vorgesehen. Dies kann zu einer Steigerung des Absatzes führen.

Für das Konzept sind aber vor allem die Chancen und Risiken interessant. Der Außendienstmitarbeiter kann durch seine Erfahrung und das technische Verständnis Chancen und Risiken teilweise abschätzen. Dadurch kann die Erfahrung und Meinung der

Außendienstmitarbeiter direkt in die weiteren Abläufe des Früher-kennungskonzepts integriert werden.

Um die Datenmenge zu strukturieren, dient vor allem die Art der Kundenanfrage. So kann eine Strukturierung nach beispielsweise Akquise, telefonischer Anfrage oder Anfrage über die Homepage eingeteilt werden. In Verbindung mit der Besuchsart – im grünen Teil des Besuchsberichts – kann vorher abgeschätzt werden, wie der Informationsgehalt des Berichts sein kann. Dies dient lediglich zur Strukturierung und hat keine Aussage über die Wichtigkeit der Informationen.

Um bei sehr wichtigen Veränderungen keine Zeit zu verlieren, kön-nen interne Abläufe beschleunigt werden. Es können beispiels-weise der Vertriebsleiter oder der Produktmanager in Kenntnis ge-setzt werden. Dies geschieht durch den Vermerk „Kopie an". Die im Laufe des Kapitels beschriebene Regelkommunikation muss nicht abgewartet werden. Ebenfalls können die weiteren Abläufe in dem Konzept beschleunigt werden. Dieser Punkt ist wichtig, um flexibel und schnell reagieren zu können.

Im Textfeld „Sonstiges" können alle weiteren Informationen einge-tragen werden, die der Mitarbeiter für wichtig hält.

Regelkommunikationen

Das Konzept sieht außerdem vor, in definierten Abständen Regelkommunikationen durchzuführen. In diesen Regelkommunikationen erhält jeder Vorgesetzte die Möglichkeit, sich ein Bild über die
aktuelle Situation zu machen. So können beispielsweise verloren-
gegangene Aufträge gemeinsam diskutiert werden. Auch Kundenanfragen und Problemstellungen, die nicht alltäglich sind, können
besprochen werden. Ein weiterer Vorteil der Regelkommunikationen ist der Austausch zwischen den Vertriebsingenieuren. So können gewonnene Aufträge präsentiert werden und die Kollegen sehen neue Chancen, das Produkt im Markt zu platzieren.

Für die Regelkommunikation sieht das Konzept einen vier Wochen-
Rhythmus vor. Erfahrungsgemäß bietet sich hier der Freitagnachmittag an. Viele Kunden empfangen zu diesem Zeitpunkt keine Außendienstmitarbeiter mehr. Auch die Vertriebsmitarbeiter nutzen
den Freitagnachmittag meist für Bürotätigkeiten.

Da es beim Außendienst oft mit größeren Anstrengungen verbun-
den ist, eine solche Regelkommunikation in der eigenen Firma ab-
zuhalten, kann dies auch interaktiv erfolgen. Ob diese Regelkommunikation in den verschiedenen Verkaufsgebieten oder produkt-
spezifisch abgehalten wird, hängt von der Unternehmensstruktur
ab.

Die Führungspersonen können Abläufe im Früherkennungssystem
teilweise beschleunigen. Sieht ein Vorgesetzter beispielsweise,

dass sich der Markt durch neue Technologien verändert, so kann dieser dies an die Gruppe für Analyse und Bewertung weitergeben.

Messen

Fachmessen bilden eine weitere wichtige Informationsquelle. Hier können Gespräche mit Fachpersonal geführt werden und der Einsatz von verschiedenen Produkten erörtert werden. Vor allem jedoch kann der Auftritt und die Veränderung bei Marktbegleitern herausgefunden werden. Ähnlich wie bei dem Besuchsbericht kann auch ein spezieller Messebericht erstellt werden. Dieser zielt auf die Veränderungen im Markt ab und kann eventuell neue Absatzmärkte identifizieren. Beispielsweise kann festgestellt werden, ob ein Marktbegleiter neue Produkte in sein Portfolio aufgenommen hat. Anhand dieser Information können die Entscheider über die Erweiterung des Portfolios entscheiden. Eventuell können dadurch auch ein neuer Markt erschlossen oder neue Kunden gewonnen werden.

Da Fachmessen nicht alltäglich sind, ist die gewonnene Informationsmenge wesentlich kleiner als bei der täglichen Arbeit mit dem Kunden. Allerdings sind diese nicht weniger wichtig.

Das Prinzip ist dasselbe wie bei den Besuchsberichten für die Kunden. Die Berichte werden so gestaltet, dass möglichst viele Informationen gesammelt werden können. Auf die Erstellung eines Messeberichtes wird in dem Konzept verzichtet. Das Prinzip des Berichtes ist das selbe wie beim Besuchsbericht für Kunden. Der

Inhalt des Messeberichts kann teilweise vom Besuchsbericht für Kunden übernommen werden. Es geht auch bei diesem Bericht darum, möglichst viele Informationen über den Markt und das Unternehmensumfeld zu sammeln. Für das Konzept ist es irrelevant, welche Informationen genau gesammelt werden. Wichtig ist, dass die Informationen im Zusammenhang mit diesem Konzept strukturiert ausgewertet werden können.

Was mit den gesammelten Daten aus den vorgestellten Berichten geschieht, wird in Kapitel 5.5 beschrieben.

5.3.2   Innendienst

Die Gruppe Innendienst setzt sich aus allen Mitarbeitern zusammen, die dem Außendienst zuarbeiten. Zum Einen sind hier Mitarbeiter aus dem Produktmanagement vertreten. Sie unterstützen die Außendienstmitarbeiter durch ihr tieferes technisches Wissen. Benötigt ein Außendienstmitarbeiter mehr Informationen zu dem entsprechenden Produkt, so kann er den zuständigen Produktmanager kontaktieren. Dieser kennt die technischen Details des jeweiligen Produktes. Es ist wichtig, dass jedes Produkt aus dem Portfolio in diesem Team vertreten ist. Zum Produktmanagement zählen für den Verfasser sowohl Konstrukteure als auch Marketingmitarbeiter. Dieses Konzept basiert auf dieser beschriebenen Mischform.

Zum Anderen sind in dem Team alle Mitarbeiter, die mit der Abwicklung im Unternehmen beauftragt sind, eingegliedert. Dies sind insbesondere Mitarbeiter, die mit der Auftragserstellung,

Auftragsannahme, usw. befasst sind. In den meisten Unternehmen stellt der Außendienst nur die Speerspitze dar. Sie erzeugen einen Bedarf oder klären technische Details mit dem Kunden vor Ort ab. Die weitere Betreuung wird durch den Innendienst vorgenommen. Angebotserstellung und die Auftragsabwicklung sind losgelöst vom Außendienst. Viele Anfragen entstehen auch ohne das Einwirken der Außendienstmitarbeiter. Beispielsweise durch telefonische Anfragen oder per Mail. Dieses Konzept geht von dieser Konstellation aus.

Die Aufgabe des Innendienstes und seinen Gruppenmitgliedern besteht in diesem Konzept darin, die Signale, die nicht vom Außendienst aufgefangen werden können, zu sammeln.

Kundenanfragen

Kundenkontakte entstehen im Innendienst auf verschiedene Arten. Sie unterscheiden sich grundlegend von Kontaktarten im Außendienst. Der Außendienst hat die Aufgabe, eine Nachfrage zu erzeugen und Details für die Angebotserstellung zu sammeln. Die Anfragen, die über die Homepage, per Mail oder telefonisch anfallen, wickelt der Innendienst ab. Ebenso erfolgt die Angebotserstellung im Innendienst. Hierfür arbeiten der entsprechende Mitarbeiter des Produktmanagements und der Mitarbeiter für die Angebotserstellung eng zusammen.

Kundenanfragen, die über den Innendienst laufen, können ebenso innovative Ideen beinhalten wie im Außendienst. Daher gilt es auch diese Signale zu erfassen und zu verarbeiten.

Dieses Konzept arbeitet hier mit dem gleichen Inhalt wie im Besuchsbericht des Außendienstes. Im Gegensatz zum Außendienst kann der Innendienst die anfallenden Informationen direkt in das System eintragen. Dies funktioniert natürlich nur, wenn eine Veränderung der Besuchsberichte erfolgt ist. Andernfalls müssen Berichte erstellt werden, mit denen der Innendienst arbeiten kann. Der Besuchsbericht kann hierfür als Referenz genommen werden.

In diesem Konzept arbeitet der Innendienst mit demselben Bericht wie der Außendienst. Dies hat den Vorteil, dass die gesammelten Daten besser vergleichbar und auswertbar sind. Eine Differenzierung zwischen den Berichten des Außen- und Innendienstes führt zu einer schwereren Deutung der gewonnenen Informationen. Der Inhalt und Aufbau des Berichtes ist in Kapitel 5.3.1 ausführlich erklärt. Um unterscheiden zu können von welchem Bereich das Team die Informationen gesammelt hat, wird der **Besuchsbericht** für den Innendienst in **Kundenkontaktprotokoll** umbenannt. Dadurch kann bei der Auswertung zusätzlich ausgewertet werden, wie diese Informationen entstanden sind. In den folgenden Ausführungen wird das Kundenkontaktprotokoll der Einfachheit halber als „Protokoll" bezeichnet.

Speziell das Produktmanagement kann ebenso wie der Außendienst die Protokolle entsprechend auswerten. Je nach technischem Wissen kann dies auch der Innendienst. Allerdings zeigt die

Erfahrung des Verfassers, dass der reine Innendienst technisch nicht die gleiche Qualifikation wie das Produktmanagement oder der technische Außendienst aufweist. Dies spielt für das Konzept allerdings keine Rolle. Die Informationen bleiben erhalten und können später von „Experten" ausgewertet werden. Auch die vorher ausgewerteten Berichte oder Protokolle werden – wie später beschrieben – nochmals ausgewertet. Eine Vorabauswertung durch das Produktmanagement oder den Außendienst hat den Vorteil, dass Erfahrungen und Wissen der einzelnen Mitarbeiter genutzt werden können. Je mehr Wissen – im Speziellen Fachwissen – gesammelt und ausgewertet werden kann, desto besser.

Reklamationen

Der Innendienst hat in dem Konzept zusätzlich die Aufgabe, Reklamationen abzuwickeln. Ähnlich wie bei der Kritik des Kunden in dem Besuchsbericht bietet dies eine große Möglichkeit für Innovationen. Die Reklamation an sich wird über den entsprechenden Produktmanager abgewickelt. Dadurch kann dieser direkt eine Qualitätssicherung vornehmen. Reklamiert ein Kunde beispielsweise die Materialermüdung einer Verbindung, so kann der Produktmanager prüfen, ob ein anderes Material oder eine andere Verbindungsart zu wählen ist. Die Schnittstellen sind hier Erfahrungsgemäß fließend. Oftmals wird auch zur besseren Informationsgewinnung der Außendienst hinzugezogen. Dieser kann, wenn nötig, den Zustand vor Ort begutachten. Andernfalls kann die Reklamation intern geprüft werden. In beiden Fällen ist es wichtig, alles sauber zu

dokumentieren und auszuwerten. Wird der Außendienst hinzugezogen, sind die Bedingungen vor Ort sauber zu dokumentieren. Der
Produktmanager hat die Aufgabe, die Reklamation auszuwerten.

Reklamationen werden in dem Konzept gesondert behandelt. Dies
liegt zum Einen an der wirtschaftlichen Arbeitsweise des jeweiligen
Unternehmens und zum Anderen kann dadurch die Information zugeordnet werden. Mit der wirtschaftlichen Arbeitsweise ist gemeint,
dass Reklamationen den Ausnahmefall darstellen. Sind zu viele
Reklamationen vorhanden, müssen die jeweiligen Unternehmen
erst die geforderte Qualität erreichen, um wirtschaftlicher zu arbeiten. Erst danach macht – nach der Meinung des Autors – ein gezieltes Früherkennungssystem Sinn.

Wichtig für die Auswertung ist es, die W-Fragen zu stellen und zu
beantworten.

- Was wurde Reklamiert?

- Wo wurde das Teil/ Produkt eingesetzt?

- Welche Informationsquellen gibt es?

- Welcher Kunde?

- Wann kam es zum Defekt?

- Warum kam es zu der Reklamation?

Der Fragenkatalog kann erweitert werden. Nach Erachten des Verfassers sind dies die wichtigsten zu stellenden Fragen im

Zusammenhang mit einer Reklamation. Jede Frage dient zur Bewertung und Auswertung der Reklamation.

Für das Früherkennungskonzept spielen speziell die Fragen *was, wo* und *warum* eine bedeutende Rolle. Um eine direkte Zuordnung durchführen zu können, wird die *„was Frage"* gestellt. Handelt es sich um ein spezielles Bauteil oder eine ganze Anlage. In Folge dessen kann die Reklamation direkt an den zuständigen Produktmanager übergeben werden.

Wichtig, um den Einsatz seiner Produkte zu kennen, ist die *„wo Frage"*. Hier kann eine Innovation versteckt sein. Oft werden die Produkte nicht für dieselbe Aufgabe eingesetzt, für die Sie konstruiert werden. Dies bietet im Früherkennungssystem die Möglichkeit, Produkte anzupassen oder neue Produkte auf den Markt zu bringen. Auch neue Märkte können erschlossen werden, wenn das Wissen über den Einsatz seiner Produkte bekannt ist.

Die wichtigste Frage und die Frage mit der größten Innovationsmöglichkeit ist die *„warum-Frage"*. Diese Frage muss immer gestellt werden. Es reicht in diesem Zusammenhang nicht, dies nur beim Kunden nachzufragen, sondern intern eine Auswertung durchzuführen. In dieser Frage steckt viel Potential für Innovationen. Die warum-Frage beschäftigt sich meistens mit technischen Details. Das folgende Beispiel beruht auf der Erfahrung des Verfassers. In der Lebensmittelindustrie werden spezielle Filter eingesetzt, um sterile Luft zu erzeugen. Es gibt zwei Möglichkeiten, das eingesetzte Filterelement zu sterilisieren. Zum Einen in einem Autoklaven und zum Zweiten durch eine Inline-Sterilisation im Gehäuse.

Bei der Inline-Sterilisation wird mit Sattdampf das Filterelement im Gehäuse über einen bestimmten Zeitraum bedampft. Durch die Temperaturunterschiede erfolgt eine Kondensation im Gehäuse. Das ausfallende Kondensat muss aus dem Gehäuse entfernt werden, um eine Kontamination zu vermeiden. Ein Kondensatablass am oberen Ende der Gehäuseglocke realisiert dies. Die Gehäuse werden hängend verbaut, daher zeigt die Gehäuseglocke nach unten. Bei einem Filterwechsel wird das Filterelement in die Vorrichtung des Gehäusegegenstücks eingebracht. Zu Beginn der sterilen Filtration gab es nur eine gesteckte Variante. Der Grund hierfür liegt in den Todräumen eines Gewindes, in denen sich kontaminiertes Wasser sammeln kann. Ab einer gewissen Gehäusegröße kam es zu Reklamationen. Die Elemente waren zu schwer und rutschten beim Filterwechsel aus dem Steckanschluss. Die Frage „warum" war relativ schnell beantwortet. Die Lösung für dieses Problem war der Bajonettanschluss an Filterkerzen. Die Elemente waren immer noch gesteckt, konnten aber mit Hilfe des Bajonettverschlusses verankert werden. So wurde das Herausrutschen verhindert.

Das angeführte Beispiel zeigt deutlich, wie ein strukturiertes Hinterfragen mögliche Innovationen fördern kann.

Regelkommunikationen

Wie beim Außendienst sieht dieses Konzept auch beim Innendienst eine Regelkommunikation vor. Diese ist im Normalfall wesentlich einfacher zu organisieren als im Außendienst. Die Mitarbeiter im

Innendienst sind meist an einem Standort. Für das Konzept gilt dies auch.

Wichtig für die Regelkommunikation ist, dass alle Mitarbeiter einer Produktgruppe zusammenkommen. Daher nimmt an der Sitzung sowohl der Innendienst als auch das Produktmanagement teil. Die Vorteile und Aufgabe der Regelkommunikation sind in dem Kapitel 5.3.1 beschrieben und gelten auch für den Innendienst.

5.3.3 Weitere Unternehmensteile

Zur vollständigen Sammlung der Signale gehören auch weitere Unternehmensteile. Hier ist ebenfalls das Produktmanagement vertreten. Allerdings mit den zuständigen Marketingmitarbeitern. Des Weiteren gehören auch die Geschäftsführung bzw. die Führungspersonen dazu. Sowohl Führungspersonal als auch Unternehmensführer zeichnen sich meist durch ein großes Wissen aus. Speziell bei kleinen bis mittleren Unternehmen ist dies häufig der Fall. Diese Personen kennen den Markt meist sehr genau und dies über einen langen Zeitraum. Daher können sie Veränderungen früher erkennen als andere Personen. Auch haben sie durch ihr persönliches Netzwerk andere Informationsquellen. Meist handelt es sich bei den Geschäftspartnern um Personen mit der gleichen oder einer höheren Stellung im Unternehmen. In diesem Konzept sind sie zur Vollständigkeit aufgeführt. Die Führungspersonen sind in den Regelkommunikationen vertreten und können ihre Beobachtungen mit einbringen. Sie können die Feststellungen mit ihren entsprechenden Mitarbeitern diskutieren und eventuelle Übereinstimmungen vertiefen. Die Geschäftsführung ist für die strategische Umsetzung der gewonnenen Informationen zuständig. Auch diese können ihre Beobachtungen direkt in die strategische Entscheidung einbringen. Auf eine besondere Art der Signalerfassung wird im Rahmen dieses Konzeptes verzichtet.

Ein weiterer Unternehmensteil zur Signalerfassung bildet die Dienstleistungs- und Serviceabteilung eines Unternehmens, falls dieser vorhanden ist. Ein Abtasten für ein Früherkennungssystem im Servicebereich zu implementieren, ist nur bei Herstellern sinnvoll. Der Grund liegt darin, dass nur der Hersteller Einfluss auf die eigenen Produkte nehmen kann. Dienstleister, die ein reines Servicegeschäft betreiben, sind auf Verdrängung der Marktbegleiter angewiesen. Hersteller, die eine Serviceabteilung aufweisen, haben die Möglichkeit, das Fachwissen der Techniker oder Monteure zu nutzen. Anders als bei Konstrukteuren können die Techniker und Monteure die Produkte im Einsatz beurteilen. Dadurch können eventuelle Schwachstellen erkannt und die Qualität verbessert werden. Die Erfahrung des Autors zeigt, dass die tägliche Arbeit mit dem Produkt eine andere Sichtweise bietet als die des Produktmanagements und des Außendienstes. Hier sieht das Konzept ein Vorschlagswesen vor. Die Service- und Dienstleistungsmitarbeiter können ihren Verbesserungsvorschlag an den jeweiligen Vorgesetzten weiterreichen. Dieser kann die Vorschläge dem Analyse- und Bewertungs-Team weiterleiten. Dieses Vorschlagsprotokoll erfolgt formlos. Die Erfahrung des Verfassers zeigt, dass

Servicetechniker und Monteure meist sehr einfach gestrickte Persönlichkeiten sind. Daher basiert dieses Konzept auch auf einer möglichst einfachen Form. Die Erfahrung und das Wissen der Monteure und Techniker sind sehr wichtig und müssen genutzt werden. Bei der Auswertung der Vorschläge muss das Analyse-Team den persönlichen Kontakt suchen. Durch eine offene Kommunikation kann besser festgestellt werden, was der jeweilige Mitarbeiter gemeint hat. Den meisten Technikern und Monteuren fällt es, schwer in schriftlicher Form zu erklären, was sie verändern wollen, dies zeigt wiederum die persönliche Erfahrung.

5.4 Vorausschau-Team

Das Vorausschau-Team setzt sich aus einer Auswahl von Mitarbeitern im Unternehmen zusammen. In diesem Konzept bildet sich das Team aus ungefähr zehn Mitarbeitern. Die Anzahl der Gruppenmitglieder ist stark von der Unternehmensgröße und der Unternehmensphilosophie abhängig. Die verschiedenen Unternehmensteile sind hier vertreten. Es werden jeweils ein oder sogar zwei Mitarbeiter ausgewählt. Gebildet wird das Team aus den Abteilungen Produktmanagement, Außendienst, Service, Innendienst und Einkauf. Das Früherkennungskonzept wird hier durch den Einkauf ergänzt. Dadurch können auch Veränderungen der Preise oder das Einkaufsverhalten mit einbezogen werden. Eventuell können dadurch Synergieeffekte erzeugt werden. Bei der Auswahl der Mitarbeiter muss jedes Produkt oder jede Sparte vertreten sein, nur so kann gewährleistet werden, dass Alles beachtet wird. Auch ist eine gesunde Mischung zwischen erfahrenen und jungen Mitarbeitern ist einzuhalten.

Das Team trifft sich je nach Unternehmensgröße oder Marktintensität ein- bis zweimal im Jahr. Bewegt sich das Unternehmen in einem sich schnell wandelnden Markt, so wird empfohlen, mindestens zweimal zusammenzukommen. Die Aufgabe des Vorausschau-Teams ist es, Szenarien für das Unternehmen zu erstellen. Die ausgewählten Mitarbeiter müssen auf den Umgang mit der Szenario-Technik geschult werden. Die Szenario-Technik wird in Kapitel 4.1 beschrieben. Im folgenden Kapitel wird erörtert, wie das Vorausschau-Team Signale früh erkennen kann und diese mit Hilfe der vorgestellten Techniken verdichtet werden können. Es handelt sich dabei um die Erstellung eines Konzeptes und nicht um ein ausgereiftes System, um die Früherkennung zu gewährleisten.

Wie in Kapitel 4.1 beschrieben, sind Szenarien für die Früherkennung unerlässlich. Sie geben Hinweise darauf, welche Umfeldfaktoren zu beachten sind. So können "schwache Signale" verdichtet werden. Durch diese Verdichtung können sie von Entscheidungsträgern im Unternehmen als wichtig und dadurch relevant wahrgenommen werden. Aus diesem Grund wird die Szenariotechnik auch in diesem Konzept verwendet.[87]

Informationsgenerierung durch die Delphi-Methode

Um verschiedene Szenarien erstellen zu können, benötigt dieses Team Informationen. Um diese Informationen zu generieren, sieht das Konzept eine interne Befragung mit der Delphi-Methode vor. Für die Befragung wird eine Auswahl an „internen Experten" getroffen. Hier sieht das Konzept vor, vor allem Mitarbeiter mit einzubeziehen, die nicht im Abtast-Team integriert sind. Dies gilt vor allem für Ingenieure und Konstrukteure. Durch die Auswahl kann erreicht werden, dass auch andere Mitarbeiter ihre Meinung und Erfahrung einbringen können. Es bildet sich eine Art Netz über die verschiedenen Unternehmensbereiche. So können die verschiedensten

---

[87] Vgl. Fink/Schlake/Siebe (2001), S. 28

Bereiche einbezogen werden. Bei der Auswahl der Experten muss darauf geachtet werden, dass ein Markt- oder Produktverständnis besteht. Damit kann unnötigem und unbrauchbarem „Datenmüll" vorgebeugt werden.

Dieses Konzept nutzt dabei die Möglichkeit der „offenen Innovation". Dies wird realisiert, indem keine Beschränkung auf den eigenen Markt oder die eignen Produkte stattfindet. In der Abbildung 15 wird die offene Innovation im Bezug auf dieses Konzept graphisch dargestellt.

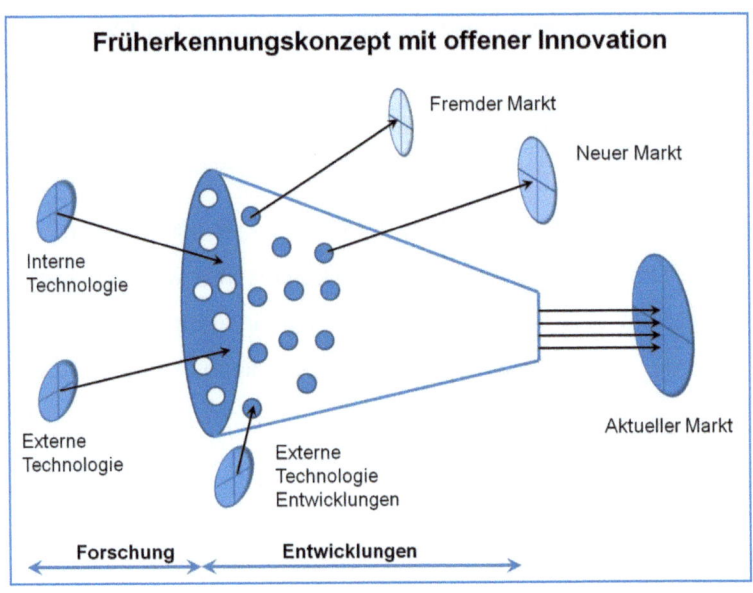

Abbildung 15: Früherkennungskonzept mit offener Innovation[88]

Die einzelnen Durchführungsschritte orientieren sich an den Schritten in Kapitel 4.5.1. In diesem Konzept wird die interne Delphi-Befragung wie folgt umgesetzt.

1. Bestimmung der internen Experten. In diesem Punkt ist es wiederum wichtig, alle möglichen Sparten oder Produkte abzudecken. Vor allem Führungskräfte und Konstrukteure sind zu bevorzugen. Des Weiteren sind die verschiedenen

---

[88] Eigene Darstellung in Anlehnung an Chesbrough u.a. (2006), S. 3

Unternehmensteile zu berücksichtigen. Es kann sich an der Auswahl der Mitglieder dieser Gruppe orientiert werden.

2. Unabhängiges beantwortet, eines erstellten Fragebogens, durch die internen Experten.

3. Fragebögen werden statistisch ausgewertet. Auch dies ist bei der Schulung der Mitarbeiter zu beachten. Allerdings besteht hier auch die Möglichkeit, die statistische Auswertung an ein externes Unternehmen zu vergeben. Da es sich bei der Szenario-Technik um ein sehr komplexes, dafür aber Robustes Konstrukt handelt, empfiehlt das Konzept die statistische Auswertung fremd zu vergeben. Somit können sich die Gruppenmitglieder auf die Erstellung der Szenarien konzentrieren.

4. Mittelwerte der Antworten werden dem Vorausschau-Team bekanntgegeben und stark abweichende Antworten werden durch die jeweiligen internen Experten begründet.

5. Mittelwerte und Begründungen werden den einzelnen internen Experten mitgeteilt.

6. Wiederholung der Schritte (2) bis (5) ungefähr zwei- bis dreimal mit dem Ziel der Meinungsverdichtung.

Die interne Befragung und die daraus gewonnenen Daten dienen als Grundlage für die zu erstellenden Szenarien. Die Erstellung der Szenarien erfolgt in drei Schritten. Der erste Schritt war die

Informationsgewinnung. Dies wird mit der Delphi-Methode wie oben beschrieben umgesetzt. Im zweiten Schritt erstellen die Mitglieder des Vorausschau-Teams die möglichen Projektionen der Szenarien. Der letzte Schritt umfasst die Erstellung der eigentlichen Szenarien. In der folgenden Abbildung 16 sind die einzelnen Schritte nochmals graphisch dargestellt.

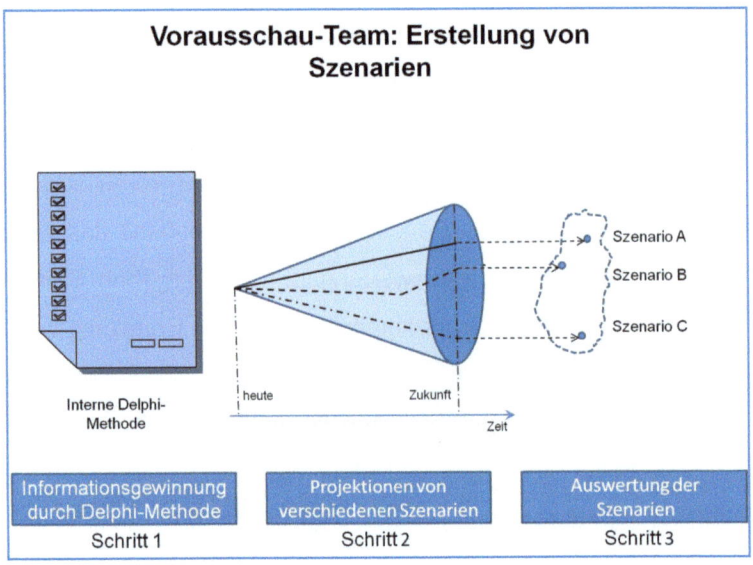

Abbildung 16: Vorausschau-Team: Erstellung von Szenarien[89]

Auch bei dem vorgestellten Vorausschau-Team muss jedes Unternehmen selbst entscheiden, wie es strukturiert werden kann. Dies

---

[89] Eigene Darstellung in Anlehnung an Fink/Schlake/Siebe (2001), S. 75

ist wiederum abhängig von der Unternehmensphilosophie, Unternehmenspolitik und Unternehmenskultur. Ebenso ist die Unternehmensgröße zu beachten. Das Vorausschau-Team hat vor allem die Aufgabe, die interne Kommunikation zu fördern. Durch die Fragebögen der Delphi-Methode wird dies ausgelöst. Die Auswahl der Teammitglieder und die Anzahl selbiger sind sorgfältig zu treffen.

5.5 Analyse- und Bewertungs-Team

Neben dem Abtasten und dem Vorausschauen bildet das Analysieren und Bewerten den dritten Teil des Früherkennungskonzepts. Diese Gruppe erhält die Informationen vom Abtast-Team und die Szenarien des Vorausschau-Teams. Dies hat den Vorteil, dass alle Informationen bei einem Team zusammengefasst werden. So können die Informationen besser verdichtet und ausgewertet werden. Speziell die Beziehungen zwischen den Daten können durch dieses Team besser beurteilt werden, als wenn es jedes der beiden zuarbeitenden Teams selbständig durchführen würde. Ein unabhängiges Arbeiten der beiden Teams, die Daten sammeln bzw. erzeugen, stellt somit kein Problem dar.

Für dieses Team ist es enorm wichtig, dass die bereitgestellten Informationen auch verwertbar sind. Dies ist für das komplette Konzept von hoher Bedeutung. Die Mitarbeiter in dem Früherkennungssystem müssen ihre Aufgabe ernst nehmen und entsprechend sensibilisiert sein.

Wichtig für dieses Team ist es, dass die Personen entsprechend geschult sind. Die Unternehmen sollten daher vor einer Implementierung des Früherkennungssystems abwägen, ob eine eventuelle externe Vergabe sinnvoll ist. Es gibt Unternehmen, die sich auf die Auswertung von gesammelten Daten spezialisiert haben. Diese Unternehmen sind mit dem Umgang von Analysemethoden vertraut und können die Bewertung entsprechend durchführen. Allerdings muss dabei auch beachtet werden, dass je nach Branche die Interpretation und Bewertung der Ergebnisse fehlerhaft sein kann.

Genau hier liegt eine große Gefahr. Diese Analysten können zwar mit den Methoden sehr gut umgehen, haben aber beispielsweise von der Halbleitertechnologie eines Elektronikunternehmens wenig Wissen. Dies kann zu Fehlinterpretationen führen.

Eine sicherlich gute Variante ist die Aufstellung eines eigenen Analyse- und Bewertungs-Teams wie es bei diesem Konzept vorgesehen ist. In diesem Team sollten verschiedene Unternehmensbereiche vertreten sein. Wichtig ist auch, dass die Mischung zwischen erfahrenen und neueren Mitarbeiter gegeben ist. Bei erfahrenen Mitarbeitern besteht die Gefahr der „Betriebsblindheit", dadurch können diese nicht mehr objektiv analysieren und bewerten. Wie oben bereits erwähnt muss jedes Unternehmen vorab klären, ob sich ein eigenes Team lohnt. Auch die Schulungen binden finanzielle und personelle Ressourcen, zumindest kurzzeitig.

Ebenfalls ist eine Mischform denkbar. Dies kann durch eine Zusammenarbeit von externen Unternehmen mit internen Speziallisten erfolgen.

Das Team setzt sich in diesem vorgestellten Konzept aus verschiedenen Mitgliedern zusammen. Dies kann ebenfalls von Unternehmen zu Unternehmen unterschiedlich gestaltet werden. Die Mitglieder bei dem Früherkennungskonzept kommen aus den verschiedenen Bereichen, die in Verbindung im dem technischen Vertrieb stehen. Dies ist wichtig, um ein möglichst breites Fachwissen zu erreichen. Das Konzept setzt geschulte Mitarbeiter voraus, wie vorher erläutert. Auch die vorher beschriebe Mischung wird berücksichtigt.

Folgende Teammitglieder bilden das Analyse- und Bewertungs-Team:

- Führungskräfte aus den Bereichen des Außen- und Innendienstes. Im Speziellen die Teamleiter oder Abteilungsleiter, welche die Regelkommunikationen leiten.

- Mitarbeiter aus dem Produktmanagement (bei verschiedenen Produktsparten oder Produkten, je ein Mitarbeiter je Sparte oder Produkt). Wichtig hierbei ist, dass möglichst alle verfügbaren Produkte vertreten sind.

Dieses Team kann je nach Menge der gesammelten Informationen halbjährlich oder jährlich zusammenkommen. Ebenfalls ist dies von der Unternehmensgröße und der Unternehmensphilosophie abhängig. Es existieren Branchen, in denen es seit Jahren nur eine geringe Innovationskraft gibt.

Die Branche, in der der Verfasser tätig ist, ist eine solche Branche. Die Branche basiert auf einfacher Technik und ist lange ausgereift. Verändert sich nicht gerade ein anderer Technologiebereich, welcher sich auf die Produkte auswirken kann, so bleibt die eingesetzte Technik gleich. Dadurch kann auch keine technisch innovative Veränderung in der eigenen Branche stattfinden. In einer solchen

Branche bietet sich sicherlich jährliches Zusammenkommen der Gruppe an. Ebenfalls bietet sich die jährliche Zusammenkunft bei ausgereiften Märkten an, die einem geringen Wandel unterliegen.

In Branchen, die einem größeren Wandel unterliegen, kann dieses Team auch halbjährlich zusammentreffen. Das Team muss flexibel einsetzbar sein und auch unabhängig von den geplanten Terminen zusammenkommen können. Dies ist wichtig, damit eventuelle Marktveränderungen, die sich in den beiden vorher beschriebenen Teams abzeichnen, ohne größere Zeitverzögerung bewertet werden können.

Alle Informationen, die vom Abtast-Team und vom Vorausschau-Team gesammelt werden, fließen hier zusammen. Das Team bewertet und verdichtet die eingegangenen Daten. Die Ergebnisse werden dem Management mit dazugehörigen Handlungsempfehlungen präsentiert und dienen im Wesentlichen als Impuls für die zukünftige Entwicklung des Unternehmens. Dadurch ist es möglich, dass neue Themen zu entscheiden sind, die ohne ein Früherkennungssystem nicht diskutiert worden wären.

Anschließend folgt die strategische Planung welche in Abbildung 19 ersichtlich ist. Hierfür sind alle Führungskräfte und Entscheider notwendig. Auf die strategische Umsetzung wird in diesem Konzept nicht eingegangenen, da es sich um ein Früherkennungskonzept handelt und nicht um dessen Umsetzung im Unternehmen. Des Weiteren ist ohne ein konkretes Beispiel eine strategische Planung schlichtweg nicht realisierbar und zu umfangreich.

Analyse der Daten des Abtast-Teams

Das Analyse- und Bewertung-Team analysiert die Daten aus den Berichten und den Protokollen des Abtast-Teams. Alle gesammelten Daten werden geordnet und ausgewertet. Dabei ist es wichtig, dass vor allem die Punkte ausgewertet werden die in Kapitel 5.3 beschrieben werden. Die Daten dienen dazu, ein Anforderungsprofil für das eigene Unternehmen zu erstellen. Diese Methode ist sehr gut zur Bewertung der gesammelten Daten geeignet. Bewertet werden vor allem de Kundenbedürfnisse um so die Kundenwünsche, bestmöglich erfüllen zu können. Wie in der folgenden Abbildung 17 ersichtlich ist, bilden Kundenanforderungen die Grundlage für das System. Anschließend findet ein Abgleich zwischen den Kundenanforderungen und den eignen Produktcharakteristika statt. Durch die Anwendung des „House of Quality" wird die Korrelation der Kundenanforderungen mit den eigenen Produkten ersichtlich. Die weiteren Vorteile sind ebenfalls in Kapitel 4.7 aufgeführt. Anhand der Ergebnisse die das QFD liefert können weitere Entscheidungen getroffen werden.

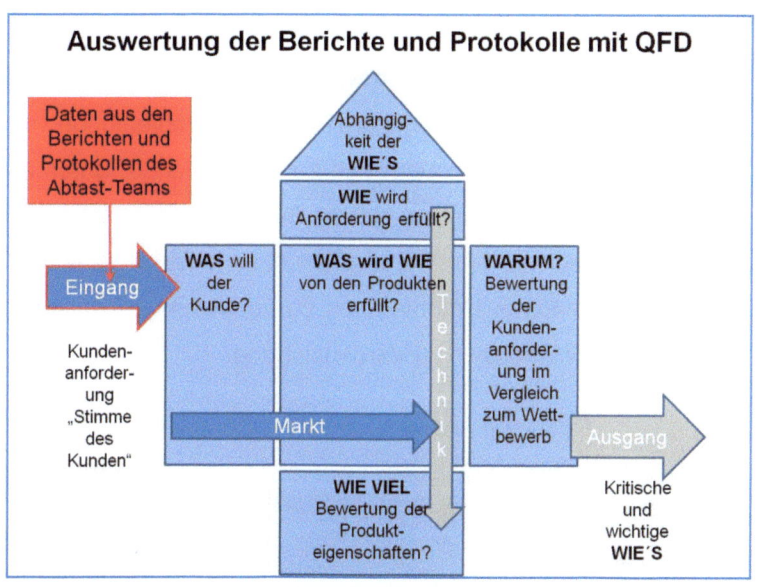

Abbildung 17: Auswertung der Berichte und Protokolle mit QFD[90]

Bewertung der Daten des Vorausschau-Teams

Die Szenario-Technik eignet sich hervorragend zur mittel- und langfristigen Planung, dies wurde in Kapitel 4.1 vorgestellt. Die Hauptaufgabe des Analyse- und Bewertungs-Teams besteht darin, aus
den vom Vorausschau-Team erstellten Szenarien eine Roadmap
zu erstellen. Die zuvor ausgearbeiteten Szenarien bilden hierfür die
Grundlage. Die Szenarien werden durch das Fachwissen der Führungskräfte bewertet. Anschließend erfolgt die eigentliche

---

[90] Eigene Darstellung in Anlehnung an Dörr/Müller-Prothmann
(2014), S. 80

Erstellung der Roadmap. Die Daten können nach dem Analysieren durch die Roadmap visualisiert werden. Die übersichtliche Darstellung eignet sich hervorragend, um Handlungsempfehlungen an das Management zu untermauern und zu verdeutlichen. Unten aufgeführte Abbildung 18 zeigt ein fiktives Beispiel für eine solche Roadmap. Die Roadmap dient nur als Beispiel und ist nicht mit ausführlichen Roadmaps in Unternehmen zu vergleichen. Der Inhalt der Roadmap dient lediglich zu Verdeutlichung.

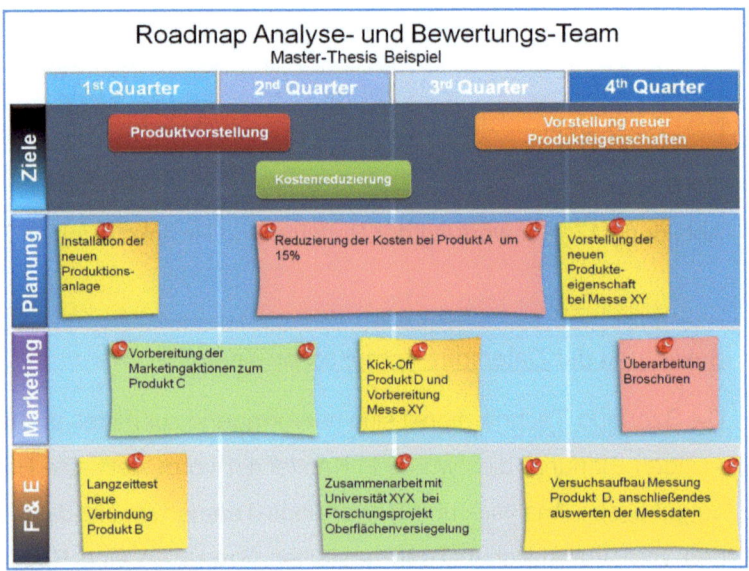

Abbildung 18: Roadmap Analyse- und Bewertungs-Team[91]

---

[91] Eigene Darstellung in Anlehnung an FPPT.com, http://slidehunter.com/powerpoint-templates/agile-roadmap-powerpoint-template/, 24.05.2015

Zusammenfassend

Die Erfahrungen der Praxis zeigen eines sehr deutlich: Am erfolgreichsten ist der Prozess der Früherkennung dann, wenn gleichzeitig ein Kommunikationsprozess angestoßen wird. Es müssen alle Entscheider so früh wie möglich einbezogen werden und die Ergebnisse dürfen nicht von Anfang an vorgeschrieben werden.[92]

Darum ist es wichtig, ein Feedback vom Management zu erhalten. In diesem Konzept geschieht dies über das Analyse- und Bewertungs-Team. Durch diese Gruppe gelangt die Rückmeldung an das Abtast-Team und an das Vorausschau-Team. Dieser Schritt ist außerordentlich wichtig, um die Motivation der Beteiligten am Leben und damit auch den Prozess am Laufen zu halten. Die einzelnen Feedback-Beziehungen können der Abbildung 19 entnommen werden. Des Weiteren zeigt diese eine übersichtliche Darstellung des kompletten Früherkennungskonzepts inklusive dem strategischen Bereich, welcher durch das Management repräsentiert wird. Der ergänzte Bereich setzt sich mit der strategischen Planung und Entscheidung auseinander. Das Analyse- und Bewertungs-Team erstellt Empfehlungen für das Management. In der Darstellung ist auch der Austausch der Informationen ersichtlich. Dieser setzt sich

---

[92] Vgl. Schlack (2008), http://www.schlack-consultant.de/documents/FruherkennungvonMarktveranderungen_000.pdf, S. 6-7, 07.03.2015

zusammen aus den Informationen der zuarbeitenden Teams und dem Feedback durch das Management.

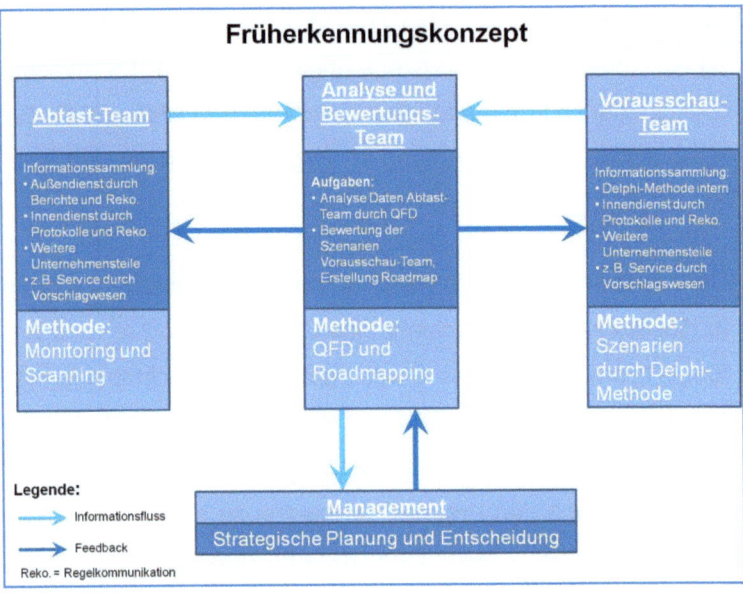

Abbildung 19: Früherkennungskonzept

Abschließend muss allerdings jedem eines im Klaren sein!

„To turn really interesting ideas and fledgling technologies into a company that can continue to innovate for years, it requires a lot of disciplines". Steve Jobs[93]

---

[93] Steve Jobs, http://www.hobo-web.co.uk/the-best-steve-jobs-quotes-putting-a-ding-in-the-universe/, 05.03.2015

6 Resümee & Ausblick

Die Literatur bietet ein breites Spektrum an Informationen zu den verschiedenen Methoden, um die innovationsbedingten Marktveränderungen zu untersuchen. Allerdings ist in der Literatur sehr genau zu beachten, wie der jeweilige Autor seine Begrifflichkeiten definiert. Hier gibt es zwischen den verschiedenen Quellen teilweise extreme Unterschiede, beispielsweise „Foresight" und „Forecast". Oftmals werden auch Überbegriffe verwendet, in denen verschiedene Methoden integriert sind. In der analysierten Literatur kommt es auch des Öfteren vor, dass Ansätze als Grundlage für eine weitere Methode genutzt werden. Somit können die vorhandenen Ansätze in der Literatur auf eine enge Auswahl reduziert werden. Einige Ansätze, die in der Literatur aufgezeigt werden, bieten sich nicht für ein Früherkennungssystem an und wurden daher auch nicht berücksichtigt. Auffällig ist auch, dass ein Großteil der gesichteten Literatur sich auf ältere Literatur bezieht. Es werden teilweise neue Gedanken ergänzt, allerdings bleibt die Grundaussage bestehen. Teilweise ist ältere Literatur verständlicher gehalten als neue Literatur. Es entsteht beim Bearbeiten der Literatur leicht der Eindruck, dass der Autor unbedingt noch etwas zu einem abgeschlossenen Thema beisteuern muss. Dadurch schweift einige Literatur vom eigentlichen Thema ab.

Für die Definition der verschiedenen Innovationsquellen existiert nur sehr wenig Literatur. Die meiste Literatur befasst sich nur spärlich mit den verschiedenen Innovationsquellen. Darin liegt auch der

Grund, dass sich bei der Erörterung der Innovationsquellen auf die meist zitierte Literaturquelle bezogen wird. Dies ist nach der Meinung des Autors höchst erstaunlich, da es sich hierbei um das Grundverständnis im Bezug auf mögliche Innovationen bzw. Marktveränderungen handelt. Die beste Methode oder das beste System nutzt nichts, wenn niemand weiß, nach was geschaut werden muss.

Die Methoden mit dem größten Erfolgsfaktor sind auch die aufwendigsten. Daher ist eine Schulung von Mitarbeitern unumgänglich. Möchte man ein Früherkennungssystem einführen, ist die erste Innovation – im eigenen Unternehmen – die Schulung und Sensibilisierung der Mitarbeiter. Andernfalls wird das beste Früherkennungssystem nicht funktionieren. Es handelt sich bei einem Früherkennungssystem um ein komplexes Konstrukt mit verschiedenen Schnittstellen. Daher ist die Kommunikation zwischen den einzelnen Bereichen unabdingbar und muss gefördert werden. Die Motivation aller Beteiligten darf ebenfalls nicht vernachlässigt werden.

Das vorgestellte Konzept kann nur als grober Grundstein für ein Früherkennungssystem dienen. Das Konzept beinhaltet einige Einschränkungen und Annahmen, die jedes Unternehmen abschätzen muss. Wichtig für jedes Unternehmen, welches über die Einführung eines Früherkennungssystems nachdenkt, ist die klare Definition der Unternehmensphilosophie, Unternehmenspolitik und Unternehmensstruktur. Des Weiteren muss abgeschätzt werden, ob die eigene Unternehmensgröße das vorgestellte Konzept zulässt. Für kleine Unternehmen ist das vorgestellte Konzept wahrscheinlich schwer umsetzbar. Das Konzept kann mit seinem Grundgedanken voraussichtlich für mittelgroße Unternehmen und Großunternehmen eingesetzt werden.

Das Konzept kann als Grundgedanke bzw. als Grundstein für eine mögliche Früherkennung dienen. Allerdings ist eine Verfeinerung des Konzeptes notwendig, um das System integrieren zu können. Es empfiehlt sich, die Reporting-Standards einzuführen. Dadurch kann das Zusammenspiel mittels richtigen Informationsbedarfs von Entscheidungsebene zu dem Früherkennungssystem gefördert werden. Beispielsweise kann eine Kategorisierung durch die farbliche Kennzeichnung erfolgen. Die Farben vermitteln, ob ein akuter Handlungsbedarf besteht oder ob eine Entwicklung weiter beobachtet werden soll. Durch die Reporting-Standards kann ein schneller Austausch von Informationen durchgeführt werden.

Um die Vorteile eines Früherkennungssystems voll ausnutzen zu können, kann ein entsprechendes Softwaresystem eingeführt werden. Hierzu gehört nicht nur die Anpassung des vorhandenen Kundenverwaltungssystems an die Berichte und Protokolle des Früherkennungssystems. Vielmehr, geht es darum die vorhandenen Informationen und das Wissen des Unternehmens noch besser zu strukturieren. Dies führt zu einem besseren Entscheidungsprozess. Möglich ist dies beispielsweise durch ein „Future-Warehouse". Die Softwareunterstützung ermöglicht es zudem, größere Datenmengen mit einem geringeren Aufwand besser zu strukturieren.

Die vorgestellte Delphi-Methode – welche in dem Konzept nur interne Anwendung findet – kann auf die externe Ebene erweitert werden. So kann eine branchenfremde Einschätzung erreicht werden. Des Weiteren kann das Fachwissen von externen Experten genutzt werden, um Lösungsansätze zu kreieren. Dieser Schritt bietet sich erst an, wenn das Früherkennungssystem funktioniert. Ansonsten ist es hinderlich, da die Daten verarbeitet und interpretiert werden müssen.

Die Informationsgewinnung kann durch gezieltes Benchmarking erweitert werden. Hierzu bietet sich vor allem das Produktmanagement an. Die Produkte der Marktbegleiter werden somit gezielt analysiert und mit den eigenen Produkten verglichen. Dies beinhaltet ein großes Potential für Verbesserungen. Ebenfalls kann das Produktmanagement seine Außendienstmitarbeiter besser auf die eigenen und die fremden Produkte schulen. Auch neue Verkaufsargumente können durch das Benchmarking herauskristallisiert werden.

Ein Früherkennungssystem ist ein sehr komplexes Konstrukt, kann allerdings bei richtigem Einsatz viele Vorteile mit sich bringen. Damit ein Unternehmen den Fortbestand sichern kann, kommt dieses nicht ohne die Einführung eines Früherkennungssystems aus. Märkte verändern sich immer schneller, daher sind Unternehmen gut beraten, ein Früherkennungssystem zu implizieren. Das vorgestellte Konzept bietet dazu sicherlich einen Grundstein für diese Umsetzung.

Literaturverzeichnis

Anderson, S. (kein Datum). *http://www.hobo-web.co.uk.*
(Hobo-Web LTD, Herausgeber) Abgerufen am 4.
Mai 2015 von The Best Steve Jobs Quotes -
Putting a Ding In The Universe - Hobo:
http://www.hobo-web.co.uk/the-best-steve-jobs-
quotes-putting-a-ding-in-the-universe/

Bibliographisches Institut GmbH. (1915). *//www.duden.de.*
(Bibliographisches Institut GmbH, Herausgeber, &
Bibliographisches Institut GmbH, Produzent)
Abgerufen am 8. April 2015 von
//www.duden.de/rechtschreibung/Innovation:
http://www.duden.de/rechtschreibung/Innovation

Bibliographisches Institut GmbH. (kein Datum).
http://www.duden.de. (Bibliographisches Institut
GmbH, Herausgeber) Abgerufen am 15. April 2015
von
http://www.duden.de/rechtschreibung/Technologie:
http://www.duden.de/rechtschreibung/Technologie

Bibliographisches Institut GmbH. (kein Datum).
http://www.duden.de. (Bibliographisches Institut

GmbH, Herausgeber) Abgerufen am 5. Mai 2015 von http://www.duden.de/rechtschreibung/Trend: http://www.duden.de/rechtschreibung/Trend

Chesbrough, Henry William; Vanhaverbeke, Wim; West, Joel. (2006). *Open innovation.* Oxford: Oxford University Press.

Dörr, Nora; Müller-Prothmann, Tobias. (2014). *Innovationsmanagement* (3., Auflage Ausg., Bd. 56). München: Carl Hanser Verlag.

dict.cc GmbH. (kein Datum). *http://www.dict.cc.* (dict.cc GmbH, Herausgeber) Abgerufen am 14. April 2015 von dict.cc | forecast | Wörterbuch Englisch-Deutsch: http://www.dict.cc/?s=forecast

dict.cc GmbH. (kein Datum). *http://www.dict.cc.* (dict.cc GmbH, Herausgeber) Abgerufen am 14. April 2015 von foresight :: Deutsch-Englisch-Übersetzung :: dict.cc Wörterbuch: http://www.dict.cc/englisch-deutsch/foresight.html

Drucker, P. F. (2011, ©1985). *Innovation and entrepreneurship* (1st HarperBusiness ed. Ausg.). New York: Routledge.

Fink, Alexander; Schlake, Oliver; Siebe, Andreas. (2001).
Erfolg durch Szenario-Management.
Frankfurt/Main: Campus-Verl.

FPPT.com. (kein Datum). *http://slidehunter.com.*
(SlideHunter, Herausgeber) Abgerufen am 27. Mai
2015 von Free Agile Roadmap PowerPoint
Template: http://slidehunter.com/powerpoint-
templates/agile-roadmap-powerpoint-template/

Götz, Klaus; Wessner, Andreas. (2010). *Strategic
foresight.* Frankfurt, M.; Berlin; Bern; Bruxelles;
New York, NY; Oxford; Wien: Peter Lang GmbH,
Internationaler Verlag der Wissenschaften.

Geißler, J. (1995). *Frühaufklärungssysteme, Instrumente
zur frühzeitigen Wahrnehmung von Chancen und
Risiken im Unternehmen.* Dresden: Technische
Universität Dresden.

Georgy, U. (2011). *Systematisches
Innovationsmanagement.* Abgerufen am 04. Mai
2015 von http://www.agmb.de:
http://www.agmb.de/papoopro/dokumente/upload/2
e06e_AGMB_Georgy.pdf

Hauschildt, Jürgen; Salomo, Sören. (2011). *Innovationsmanagement* (5., überarb., erg. u. aktualis. Aufl. Ausg.). München: Vahlen.

Horx, M. (2010). *Monitoring, Scanning, Naming.* Abgerufen am 10. Februar 2015 von http://www.horx.com: http://www.horx.com/zukunftsforschung/Docs/02-M-05-Monitoring-Scanning-Naming.pdf

Lasinger, D. (2011). *Die Leistung vor der Innovation* (1. Aufl. Ausg.). Wiesbaden: Gabler Verlag / Springer Fachmedien Wiesbaden GmbH, Wiesbaden.

Lehrstuhl für Betriebswirtschaftslehre mit Schwerpunkt Technologie- und Innovationsmanagement RWTH Aachen. (kein Datum). *http://www.innovationsmethoden.info.* (Lehrstuhl für Betriebswirtschaftslehre mit Schwerpunkt Technologie- und Innovationsmanagement RWTH Aachen, Herausgeber) Abgerufen am 12. Februar 2015 von Technology-Roadmapping: http://www.innovationsmethoden.info/methoden/technology-roadmapping

Lev Grossman. (2007). *http://content.time.com.* (TIME, Herausgeber) Abgerufen am 30. April 2015 von Best Inventions of 2007 - TIME: http://content.time.com/time/specials/2007/article/0, 28804,1677329_1678542,00.html

Möhrle, Martin G.; Isenmann, Ralf. (2008). *Technologie-Roadmapping* (3., neu bearbeitete und erw. Aufl. // 3., neu bearbeitete und erw. Aufl Ausg.). Berlin: Springer-Verlag Berlin Heidelberg.

MFG Medien- und Filmgesellschaft Baden-Württemberg mbH. (kein Datum). *http://www.fazit-forschung.de.* (MFG Medien- und Filmgesellschaft Baden-Württemberg mbH, Herausgeber) Abgerufen am 12. Februar 2015 von Fazit Forschung: Foresight-Ergebnisse: http://www.fazit-forschung.de/foresight-ergebnisse.html

Pradel, M. (2001). *Dynamisches Kommunikationsmanagement* (1. Aufl. Ausg.). Wiesbaden: Gabler.

Recklies, Oliver. (2001). *http://www.themanagement.de.* Abgerufen am 12. Februar 2015 von Analysen und

Prognosen als Basis für ein erfolgreiches Marktmanagement: http://www.themanagement.de/pdf/Prognosen.PDF

Rohrbeck, René. (2008). *http://www.rene-rohrbeck.de.* Abgerufen am 14. April 2015 von Towards a best-practice framework for strategic foresight: Building theory from case studies in multinational companies: http://www.rene-rohrbeck.de/documents/Rohrbeck_%282008%29_Towards-a-best-practice-framework-for-strategic-foresight_Paper.pdf

Roper, A. T., Cunningham, S. W., Porter, A. L., W, M., Rossini, F. A., & Banks, J. (2011). *Forecasting and management of technology* (2nd ed. Ausg.). Hoboken, N.J.: John Wiley & Sons.

Schlack, Peter. (2008). *http://www.schlack-consultant.de.* Abgerufen am 07. März 2015 von Früherkennung von Marktveränderungen: http://www.schlack-consultant.de/documents/FruherkennungvonMarktveranderungen_000.pdf

Schumpeter, J. A. (1947). Abgerufen am 08. April 2015
    von The Creative Response in Economic History:
    yhttp://www.google.de/url?sa=t&rct=j&q=&esrc=s&s
    ource=web&cd=3&cad=rja&uact=8&ved=0CD0QFj
    AC&url=http%3A%2F%2Fwww.venus.unive.it%2F
    matdid.php%3Futente%3Dgfavero%26base%3DBu
    siness%2BHistory%2B-
    %2BPhD%2BDEA%252Freadings%2Bfor%2Blesso
    ns%252F5c_Schumpeter-1947

Trott, P. (2012). *Innovation management and new product
    development* (5th ed. Ausg.). Harlow, England;
    New York: Financial Times/Prentice Hall.